「新聞教育」を創る

授業づくりの方法と可能性

市川正孝

学文社

はじめに

新聞教育への願い

教員になって33年を過ぎようとしていますが，２～３年目あたりから本格的に「新聞」を教育に取り入れるようになりました。初めは「学級新聞を作る」という取り組みが主なものでした。筆者が学生時代に「新聞記者志望」であったため，「新聞を教育に生かせないか」という極めて個人的な事情・動機からでした。しかし，当時から「新聞と仲間作り」という意識が筆者の中にありました。「新聞を作る」という営みの中で，子どもが「社会の一員としての自覚」をどこかで感じてほしいという願いがありました。以来，「学級新聞作り」は「学級作り」の核になり，「新聞」は「教育」の核になりました。10数年前からの「NIE（教育に新聞を）活動」を加え，筆者の「新聞教育」はいっそうエネルギーを得て今日に至りました。

本書は，30数年間の「新聞教育」の実践を検証的に振り返り，その可能性と課題を探ったものです。「新聞教育」とは主に「新聞を作る」「新聞を資料として活用する」「新聞および新聞記者の役割・意義を学ぶ」の３点からとらえることができます。

本書は，それらの「新聞教育」を核にして展開した「総合的な学習の時間」（以下「総合」）での実践の検証を主な内容にしています。1998年告示の学習指導要領で「総合」が導入されてから10年以上が経過しましたが，その成果についてきちんと総括したかとなると，十分とは言い難いと思います。

筆者は，「新聞教育」を「学力」という枠組みの中だけで見るのではなく，「市民教育」あるいは「社会」との関連の中でとらえたいと考えました。近年，大学生をはじめとして若い同僚教員の多くは新聞を読む習慣を身につけないまま社会に出ています。民主主義社会と新聞・ジャーナリズムは切り離せない関係にあり，他のメディアが発達しても新聞・ジャーナリズムが極めて重要なメディアであることは否定できません。「新聞離れ」は一面では「民主主義社会の危機」でもあると考えています。

また，2008年告示の学習指導要領では「新聞」についての記述も増え「学び」「学力」「言語力」「リテラシー」などの観点からも重要視されています。

「3. 11」を前にして

しかし，筆者は「新聞教育」を長く進めてきましたが，正直言って「3. 11」の大震災後「新聞やテレビの報道」に少なからぬ不満や不信感をもつようになりました。特に「原発報道」に関しては，もどかしさを感じることが多くありました。それらをめぐるジャーナリズムの在り方については，研究者や志をもった現場のジャーナリストが多くの提言や批判を行っています。本書の目的は，「新聞教育」について教育現場から報告・提言することにありますので，新聞やテレビ，ネットなどのジャーナリズムの在り方について，ことさら何かを論じようとしているわけではありません。しかし，「新聞教育」を長く進めてきた者として，自分の立ち位置を明確にしておく必要があるとも考えています。柳澤伸司はメディア論の立場から「メディア・リテラシーにつながるNIE」[1]について次のように述べています。

「読者は新聞を読み，批判するだけでなく，良い記事は褒め，読みたくなるような新聞を求めていく」「新聞とともに共生していくような関係づくりをすること」「新聞社内部からジャーナリズムをつくりかえていく人を増やすこと」「その鍵は新聞を読み批判できる読者を増やすこと」「その中から新聞を支え，作りかえていく新聞人が育つことにある」。

筆者は「新聞教育」という「教育方法」を核にすえながらも，今日的な意味を多くもつ「学習内容」を主体的に選択し「総合」の展開を図ってきました。しかし，柳澤の指摘どおり，「新聞教育」はある面，新聞の「良き読者」を育てる役割を担っているとも考えています。「良き読者」とは，「新聞を読み，批判できる読者」という意味です。

筆者は，本書で戦前・戦後の「新聞教育」を概観した上で，筆者自身の三つの大きな実践について分析・考察しました。

一つ目（第２章）は「地域市民の育成」を求めて「食や農」の問題を追究し

た実践「『日本デンマーク』安城からの発信」～「ぼくらの食糧を　ぼくらの手で」(2001年度　小学校５年）～です。この実践以後「食育」などの重要性が指摘され，それを先取りする形にもなりました。農業高校生や養豚家などを取材したり，ブタの飼育をしたりして「食」「農」「命」などに迫りました。「ブタの出荷」や「ニワトリをさばく授業」の是非を巡るディベート型討論では，白熱した論議が展開されました。また子どもたちが取材した農業関連の「ひと・こと・もの」が一般紙（中日新聞）の１ページを使って掲載されました。この新聞を巡る双方向の学びの在り方についても考えました。

二つ目（第３章）は，「地球市民」の育成という観点から，「遠い隣国から近い隣国へ」～「アンニョンハセヨ　韓国・朝鮮との出会いを求めて」(2002年度　小学校６年）～という実践を分析・考察しました。英語教育が導入される中「国際理解教育」はどうあるべきかを検証したものです。サッカーのワールドカップ日韓共催のタイミングを生かして韓国人留学生を招いたり，新聞・テレビで韓国・朝鮮について調べたりしました。特に，社会科の歴史教育と結びつけることで歴史認識を深めることについて提起しました。「こども新聞」という新聞社から発行された新聞の活用と「新聞作り」の効果について考えました。

三つ目（第４章）は「不条理な戦争・災害から目を背けず」～「かけがえのない命」(2009・2012年度　小学校６年）～の実践を分析・考察しました。「平和的・民主的市民の育成」を求めて「命や戦争・震災・災害」の問題を追究した実践です。

筆者も編集に携わった『新聞学習カリキュラム　小学編』[2)]を参考にしながら実践を進め，その中で原爆被爆者や元大使館医務官などとの出会いの場を作っていきました。また，戦争を題材にした劇を演じることで，子どもたちの学びの形を多様にして，戦争の本質について小学生なりに探究しました。子どもの「新聞への意識」や「テーマ」についての意識がどのように変容したかについても記述しました。

この章では，未曾有の東日本大震災についての学習も加えました。現在進行形でもある津波，原発被害の実情を学ぶ学習を展開するには，筆者の力量でははなはだ力不足ですが，震災を前にして，傍観するだけでは教師としての責務が果たせないと考え，取り組んでみました。

最終章の第５章では「メディアの批判的受容能力」を育成するための「試案」を提示しました。筆者は新聞社メンバーと教員有志で「新聞学習カリキュラム」を作成したのですが，その中で筆者が十分行えなかったと感じた内容を「試案」として示しました。

「試案」では新聞・ジャーナリズムの「正負」の両面からその影響力と役割について考える学習展開を構想しました。新聞の誤り・過ちの「負」の事実と「反戦」から「いじめキャンペーン」までの「正」の役割を連続的に学ぶよう配慮しました。

特に，第２章の「ぼくらの食糧を　ぼくらの手で」と，第４章「かけがえのない命」の実践では，新聞を媒介にした「双方向性のある学び」について述べました。教育現場で新聞を読み，「教育」と「新聞」がつながりながら，柳澤のいうように「新聞とともに共生していくような関係づくり」をしていけば，「双方向性のある学び」が生まれるのではないかと考えています。

「新聞教育」の活動の中で「主体的・批判的な読者」が育ち，新聞・ジャーナリズムを作りかえていくことにつながっていけば，それはとりもなおさず，子どもたちの社会参画への重要な第一歩でもあると考えています。

「新聞教育」は小学校の段階だけに任せるものではなく，中学校・高等学校，さらには，大学教育においても不可欠のものであると考えています。

注

1）柳澤伸司『新聞教育の原点』世界思想社，2009年，p. 366。柳澤伸司は故・新井直之創価大学教授に師事して，ジューナリズム研究に進み，現在，立命館大学教授。ジャーナリズムとNIEの在り方を積極的に提言している。新井は元・共同通信社会部記者で『マスコミ日誌』（みき書房，1982年）などで，鋭いジャーナリズム分析を行った。

2）中日新聞社編『新聞学習カリキュラム　小学校編』中日新聞社，2007年

目　次

第1章

なぜ今「新聞教育」なのか
―主題設定の理由―

(1) この10年の「総合的な学習」の状況と原点

1998年12月告示の「学習指導要領」[1]で「総合的な学習の時間」(以下，特別な意図がある場合を除いて「総合」と呼ぶ) が始まって以来，筆者の住む愛知県安城市あるいは西三河周辺部でも少なからぬ優れた実践が展開された。ブームに乗って実践が進むときは，教育現場にエネルギーもあり，意欲的な内容のものも多かった。しかし，ひとたびブームが去ると，急速に意欲的な実践が少なくなり，形ばかりの実践が展開される傾向にあった。「総合」という名のもとにイベント的な活動が展開され，本来の「学び」がどこにあるのか疑問をもたざるを得ない実践も見られた。

筆者は「総合」の発足当初から，ずっと安城市の小・中学校の教育研究会の「総合」部会に属し，つぶさに小・中学校の実践を見聞してきた。教科でないゆえか「総合」の部会に属する教員は入れ替りが多く，筆者のみが安城市内で唯一10年以上の間，「総合」の部会に所属する教員となった。

「食育」[2]「キャリア教育」[3]と新しいプロジェクトが提唱されると，「総合」がそれに活用された。優れた実践もあったが，本来の「総合」の意味や意義を問わないまま実践された内容も多くあった。また，学校行事の時間などに置き換えられて，「総合」とは名ばかりの実践も数多くあった。日々子どもたちと向き合う学級担任の立場からすると，「40人学級」の問題や「生徒指導の問題」「教育予算の不足」など，個人の力ではどうすることもできない厳しい状況がある中で，「手間暇」かかる「総合」の指導が形骸化していく事情は，ある程度理解できた。しかし，そういう事情に甘えてはいけないだろう。

そして今回の2008年版「学習指導要領」[4]では，「総合」の時間は35時間前後削減され，その時間がほとんど「外国語活動」（実質は英語活動）などに回されることになった。このようなときだからこそ，原点に返って「総合」の在り方を見つめ直さなければならないだろう。

佐藤学は，著書『授業を変える　学校が変わる』[5]の中で「総合学習」の意義を二つの視点から強調している。一つは「市民教育」としての位置づけであり，もう一つは「学び方を学ぶ」という側面からの位置づけである。

佐藤学は，「総合学習」について次のように述べている。

「総合学習…の意義は二つある。一つは市民教育としての意義である。市民性（シティズンシップ）の教育が世界各国で高まりつつある。地球市民としての市民性，国民としての市民性，そして地域住民としての市民性の三つの次元において『市民性の教育』が問われている。…人生で誰もが直面する問題や現代社会において人々が直面している問題，さらに地球市民として一人ひとりがグローバルな視野で考えるべき問題を学びの主題として追求する必要がある」。

佐藤は，さらに次のようにもいう。

「…現在の学校教育から排除されタブー視されている事柄の多くは子どもたちの一生と人類の未来において決定的に重要な問題である。生と死の意味…，差別，…環境問題，戦争責任，平和，…老人福祉，…国際化など，これらの問題は，誰もが直面し一人ひとりの生き方の選択が迫られている問題にもかかわらず，これまでの学校教育では十分に取り上げられることはなかった。もし『総合的な学習の時間』がこれら学校教育から排除されタブー視されてきた問題に挑戦する時間として活用されるならば，その意義と可能性は極めて大きい」[6]。

「総合」のもう一つの意義である「学び方を学ぶ」点については，次のように述べる。

「全米各地を訪問してオープンスクールの伝統をひく教室を観察してきたが，

それらの教室では…『テーマ学習』と呼ばれる総合学習の課程が組織されていた。『テーマ学習』では特定の主題が年間を通して探究される。…これらの教室では教室中にたくさんの資料が準備され，子どもたちはそれぞれの関心に合わせて探究活動を展開しその学習結果を『ブック・メーキング（本づくり）』で表現する活動を推進するのである。そして，この『テーマ学習』の中心的な目的は『学び方を学ぶ』点に求められている。…その実現のかぎは，…総合学習の課程をモノと対話し人と対話し自分自身と対話する「学び」の実現を目的として組織すること，そして学習の資料や環境を豊富に準備し，「主題・探究・表現」を単位とする単元をていねいに組織することにある」[7]。

佐藤の指摘は10年前のものであるが，今回の「学習指導要領」改訂で「総合」に関して強調されていることとほとんどが重なっている。今回の学習指導要領改訂で，強調されているキーワードを「総合」に絞ってあげれば，「探究的な学習」「他者と協同する活動」「言語活動」の三つである。佐藤の指摘は，まさにこの３点である。

「総合学習は教師の側の『学び』の資質や文化を問い直している」という佐藤の指摘を「総合」に取り組む教師への鋭い「叱咤激励」と受けとめる必要がある。

(２)「市民教育」と「新聞教育」

ところで，「総合」の成り立ちと非常に関係の深い社会科の基本的な目標は，「平和で民主的な国家・社会の形成者として必要な公民的資質の基礎を養う」[8]（『小学校学習指導要領　社会　第１目標』）である。細かな文言は多少変化したが，30年間，社会科の教育目標の本質は一貫している。「公民的資質の基礎を養う」ことと佐藤のいう「市民教育」とは同義語ではないが，ほぼ同趣旨の内容を指しているといってよいだろう。筆者は，「市民教育」とは「知性的な市民になるために必要な知識と理解の習得」「探求とコミュニケーションに必要な能力の育成」「社会参加と責任ある行動のための能力の育成」[9]（小原友行，2005）を目指す学びの総体であると理解する。社会科においても，「総合」においても，「平和」で「民主的」な「公民的資質」，あるいは「市民教育」は必要欠くべからざる要素であるといえる。

さて，自立的な市民が創り出す「民主的・平和的な社会」とは，どのような社会であろうか。それは多様な考えや価値観を認め合い，人々が自由な言論によって自らの方向性を決める社会である。新聞・ジャーナリズムは，そのような民主的な社会にとって欠くことのできないメディアであり，その存在や活動がなければ，私たちの「知る権利」[10]は保障されないし，方向性を決めることができない。近代日本のジャーナリズムの歴史において最も重責を担ってきたのは新聞である。しかし，メディアの多様化，興亡の中で新聞の相対的影響力・役割は低下してきた。しかし筆者は，「新聞・ジャーナリズム」の意義・価値は不変であると考える。北村肇は，次のようにいう。

「国家の暴発を抑止するためにも，ネット社会には適切なナビゲーターが必要だ。ナビゲーターに欠かせないのは『信頼感』である。そして市民の信頼を得るには，権力におもねずという立ち位置のもと，事実と真実のみを伝えるメディアでなければならない。一言でいえば，揺るぎのないジャーナリズム性ということだ。新聞が本来もっている力量を考えれば，インターネット世界のナビゲーターになる資格は十分ある」[11]。

北村の指摘は，現状の新聞・ジャーナリズムの在り方を鋭く批判する文脈の中でなされたものであるが，新聞に大きな期待をかけている。こうしたジャーナリズムの内側からの声に応えるように，『新聞教育の原点』[12]という労作を著した柳澤伸司は，次のように述べる。

「新聞・ジャーナリズムは市民社会にとって不可欠であると思えばこそ，新聞を読む目をもった人々を増やしていくことは日本の社会にとって必須のことでなければならない」。

筆者は，北村や柳澤の指摘する点に共感する立場から，「市民教育」と「メディア・リテラシー」につながる「新聞教育」を展開する必要があると考える。

「総合」との関連で考えれば，新聞が取り上げる社会的事象や人物，社会的な問題などは，学習材としてまさにうってつけのものが多い。新聞で日常的に取り扱われるような問題の中から，「総合」の主題を見つけるべきであるといってもいいだろう。

(3) 新聞を取り巻く教育現場と大学生の実態

筆者の周囲では，新聞を購読しない若い同僚が増えている。一人暮らしの若い同僚だけでなく，家族をもった30代の中堅教員でさえ，「新聞をとっていない」という。では，教員の卵ともいうべき愛知教育大学の学生の新聞購読率はどうであろうか。3年生，4年生（院生を含む）を対象にした「新聞購読アンケート」[13]の結果を見てみよう。

【愛知教育大学生の新聞購読調査】

○愛知教育大学の4年生（大学院生を含む）の新聞購読状況（70人調査）

毎日読む ……………………………………………………17人（24%）
毎日（は）読まない（気になった時だけ読む） ………………25人（36%）
毎日（は）読まない（ほとんど読まない） ……………………21人（30%）
読まない …………………………………………………… 7人（10%）

○愛知教育大学の3年生の新聞購読状況（132人調査）

毎日読む ……………………………………………………29人（21%）
毎日（は）読まない（気になった時だけ読む） ………………53人（40%）
毎日（は）読まない（ほとんど読まない） ……………………35人（27%）
読まない ……………………………………………………15人（12%）

＊「新聞を読まない理由」として，①「読むのに時間がかかるから」②「他のメディアから得られる情報で足りるから」③「毎日読み続ける自信がないから」などをあげている。

「毎日（は）読まない（ほとんど読まない）」「読まない」を合わせると約40%もの学生は，新聞にはほとんど縁のない生活をしていることがわかる。逆に「毎日読む」派は24%で，半数どころか4人に1人という極めて低い割合になっている。「気になった時だけ読む」派を合わせると過半数になるが，筆者の世代（50代）からすると隔世の感がある。新聞離れどころか「新聞を読む習慣」が全くない世代が確実に増えている。

全国規模の調査を見ても，新聞を読まない大人，新聞を読まない教師は確実に増えている。これでは，新聞を読まない子が増加するのは当然といえよう。教育に携わるものが手を拱（こま）ねいていたら，今後ますます子どもたちの新聞離れは進んでいくだろうし，社会的な問題や今日的課題に無関心な子どもを増やすことにもつながるだろう。前述の佐藤がいう「市民教育」の観点から見て，新聞紙上には私たち市民が解決を迫られている社会的問題や今日的課題が数多く掲載されている。新聞さえ読まない教師が，社会的な問題を子どもとともに考えていくことができるのであろうか。筆者は，強い疑念をもたざるを得ない。

直近の「学習指導要領」の作成にかかわって，文部科学省（以下，文科省）の「言語力育成協力者会議」[14]は，次のような報告を出している。

> 「子どもに言葉の力がないと感じている。…子どもが言葉の感性に触れる機会がない状況である。子どもに言葉の感性に触れる経験が必要ではないか」「論理的思考を身に付けるためには，技術的な部分も大事だが，新聞を読んで『意見が言える』ようになるなど，基盤となる日常生活の中にもっと論理的思考を取り入れていくことが重要である」。

「言語力育成協力者会議」の報告のように，子どもたちの「言語力の危機」も深刻であり，その中で新聞の果たす役目は大きいだろうし，その有効活用が求められている。

小学校で2011年度から本格実施された「学習指導要領」[15]では，特に小中学校の国語科において，新聞にかかわる記述が増え，その教材としての意義が強調されている。

（4）「新聞教育」への視点と歴史

「民主的な社会」の「市民教育」のために，また「文字離れ」「新聞離れ」「社会的無関心層の増大」などを防ぐためにも「新聞教育」を内容面，歴史的側面からきちんと考えることは大きな意味がある。

では,「新聞教育」とは具体的に何を指すか。「新聞教育」の中身と歴史的経緯を概括的にみておく。

①「新聞教育」の学習内容と学力

戦後の「新聞教育」の一時期の実践や理論を丹念に記録してきた『新聞と教育』[16]という研究誌があるが,その中で大木薫は「新聞教育」を次の三つの側面でとらえた。

【「新聞教育」の3つの側面】

①授業の際に新聞記事を資料に使って児童・生徒の目を現実の社会に向けさせる試み

②児童・生徒が教師の指導のもとに,教育活動の一環として位置づけられて制作する学級新聞,学校新聞をいう場合

③現代社会における新聞の機能・役割やその製作工程などについて理解させるもの

また,学級新聞作りの指導に長年にわたって携わってきた鈴木伸男は,『新聞教育入門』[17]の中で次のようにとらえる。「新聞教育とは新聞をつくったり,新聞の機能や役割を理解し,つくった新聞や一般の新聞を使って学級活動や教科あるいは教科外の授業や学習などに役立てるための指導・支援」であり,これはさらに「新聞学習」と「新聞活動」に分けられる。さらに鈴木は,「新聞教育」を5点に整理している。

【「新聞教育」の5つの内容】

①新聞をつくる作業を体験する。

②新聞を読む。言語体験を育み,考える力や情報選択能力などを学ぶ。

③新聞を資料として使う。

④新聞を活用する。つくった新聞や市販の日刊新聞を学級生活の向上や教科や総合などの学習に役立てる。

⑤新聞の仕組みを知る。

「新聞教育」を学力的な観点から影山清四郎は,『新聞でこんな学力がつ

く』[18]で次のようにまとめている。

【「新聞教育」で期待される学力】

①児童・生徒を現実社会に直面させる。

②学校の学びを開かれた，具体的なものにする。

③新聞情報が多岐にわたるだけに，学習者の関心に基づく取捨選択を認める。

④児童生徒間のお互いの解釈を容認し合い，コミュニケーションを生む。

⑤コミュニケーションが家庭・地域へと広がる可能性がある。

⑥言語能力を高める。

⑦他の情報との比較の必要を生む。

⑧見出しや写真等で左右される自己への気づきを促す。

⑨学習者が小さな社会人として生活することを励ます。

影山は教育界の人間であるが，新聞界では日本新聞財団の初代NIEコーディネーターとなった妹尾彰が同書の中で，「新聞活用の利点」[19]を次の6点に整理している。

【新聞活用の利点】

①最新の情報やデータが得られ，国内外の現実の社会を知ることができる。

②新聞の役割や重要性を理解するとともに，いろいろな見方・考え方があることを知ることができる。

③新聞の特性である一覧性や記録性，確認性の点で使い勝手がよい。

④興味を与える素材があり，新聞を読む動機付けになる。

⑤総合学習やグループ学習に便利である。

⑥容易に入手できる。切り抜きが容易である。

②「新聞教育」の歴史的一断面

10数年前から始まった日本の「NIE（エヌアイイー）（ニュースペーパー・イン・エドュケーション）活動」[20]は新聞社側によって提唱されたものであるが，歴史的に見れば「新聞教育」に意識的に取り組んできた教師は少なからずいる。全国に目を向ければ，先にあげた大木薫，鈴木伸男，神戸與夫らである。愛知県内に目を向ければ，今なお後進の指導に当たる原田紀保[21]である。彼らは，学習指導要領の変遷や社会の動きに影響されることなく，自己の信念と教育的理念から「新聞教育」に熱心に取り組んできた。そのような活動と実績があって「新聞教育」は引き継がれてきたといっても過言ではない。過去の教育研究誌『新聞と教育』[22]には彼らの熱い息吹がみなぎっている。

では戦前においては，「新聞教育」は存在しなかったのだろうか。

柳澤伸司の労作『新聞教育の原点』[23]から，戦前・戦後の2・3の注目すべき具体的実践例と戦後の新聞にかかわる学習指導要領の変遷と「新聞学習」の一端を概観したい。

ア）滑川道夫の「『綴方生活』における集団制作の理論と実際」(1931年)

柳澤の『新聞教育の原点』によれば，戦前の昭和期，新聞を使った授業として記録が残っているのは，滑川道夫の実践だといわれる。滑川は，生活綴り方的教育方法を応用して新聞を使った授業を行った。

滑川の実践として残されているのは，秋田師範第一附属小学校6年生での実践である。滑川は文章指導の綴方でなく，社会的現実に立って，それを主体的な見方・考え方，さらには生き方の指導にまで発展させるといった教育全般の視野をもつ新しい教育思想の持ち主でもあった。

滑川は，綴方教育として取材・調査・記録・報告までの「新聞の研究」という集団制作の指導作品をもとにして，全国に先駆けて「新聞学習」を実践した。

その実践報告は，月刊教育研究雑誌である『綴方生活』に1931年7月号から9月号にかけて連載された。この年は歴史的に見れば満州事変の起こった年でもある。概括的に見るために，滑川の計画・実践を時代順に整理する。これは，現代の指導にも通じる部分がある。

【滑川道夫の「新聞の研究」の計画・実践】

①事前調査を行い，新聞の種類，見ている者を調べる。

②新聞について，一面，二面，段組，社説，広告などの説明を行う。

③新聞を持参させ，新聞の名，主となる記事とそれに対する感想，広告と感想，新聞全体に対する感想を書かせる。(以上個人活動)

④記事の研究調査をする。(政治，経済，教育，犯罪，小学生，運動，郷土，そのほかについて探す。)

⑤記事に関する感想・意見を書く。

⑥写真に関する調査をする。(種類＝分類，説明について考えを書く。)

⑦写真に関する問題を考える。

⑧広告に関する研究・調査をする。

⑨それ（広告）に関する感想・意見を発表する。

⑩広告に関する問題を考える。

⑪記事，広告，写真以外のこと（小説，映画，ラジオ）に関する研究・調査をする。

⑫新聞全体に対する感想，意見，問題を考える。

⑬他の新聞との比較調査をする。

滑川は，教材に「新聞」を選んだその教育的理由として，①社会的関心の要請，②科学的見地より，③教科綜合の見地並に他教科との連絡，④郷土教育の見地より，⑤労作教育の観点，⑥劣等児指導の観点，⑦考現学的観点をあげて説明している。

滑川は，この学習を通して「新聞を解体研究することによる健康な生活自身，又，それによって児童に社会的関心を強調し，社会的認識の萌芽を生長させることの偉大な役割を讃賞したい」と強調した。滑川の指導した子どもたちは，「新聞」を調査研究をし，記録を整理して原稿用紙に記述した。数時間の作業で40数枚から60数枚にまとめたといわれる。この実践は，全体で約16時間をかけたという。

さらに滑川は，これまでの綴方が児童の文芸的生活の指導に偏っていたことをあげ，「文学少年や少女の養成には役だったかも知れぬが，その反面を忘却して」きたこと，そして最近「科学的生活の表現が綴方科に入って来た」ことから，「科学的表現の錬成には新聞紙の研究調査が『好個の材料』なのだ」と述べたという。

したがって滑川は，「新聞紙の研究を綴方科だけで扱うだけでなく，それを中心として各教科を総合的に取り扱うことで『有機的統合的学習形態』を導くことができるとする」と考えた。

滑川のこの考えは，「綴方」を国語に置き換えれば，まさに現在の「総合的な学習」の有り様を提唱しているといえるだろう。

滑川は，「新聞学習」について「学び方」の点から，学習のプロセスを重要視した。集団としてまとまった作品を作る過程において，集団意識をもって協力し，その協力の中に個性的創意をもつ活動を生かし，ものを科学的・合理的に見，かつ考え，できるだけ客観的に表現する態度と技術を得させようとした。この考えは，まさに「協同的」「探究的」学習方法であり，筆者の目指す「総合」と合致するものである。

滑川の実験的な実践は，戦後の総合学習につながる先駆的な試みであった。しかし滑川の教材に対する関心は，新聞ではなく児童文学に向かっていったため，一時的な「実験」に終わったと評価されている。

滑川の実践が行われた時代状況を考えると，いわゆる日本が「15年戦争」に突入していった時代と重なる。社会が戦争に傾斜する中で，「社会的関心を強調し」「社会的認識の萌芽を生長させる」ことは，極めて難しい状況に教育現場が変わりつつあったのではないかと筆者は推測する[24)]。

イ）戦後の学習指導要領の変遷と「新聞教育」

戦後の学習指導要領では，「新聞教育」はどのどうに位置づけられてきたのだろうか。「昭和22年度　学習指導要領　社会科編（1）（試案）」（1947年5月発行）では，「民主主義社会の建設にふさわしい社会人を」育成するために社会科を作り，「民主主義社会の基底に存する原理」として7項目（適正な選挙制度およびよく民意を反映する議会の必要性，信教・言論・出版等についての個人の自由，公正な裁判など）をあげ，これらの知識，原理を学習する上で新聞活用を提示した。この学習指導要領（試案）が新聞活用を提示したものとしては最初のものになった。

続いて，1951年12月に発行された「昭和26年度　小学校学習指導要領　国語科編（試案）」では「われわれの大部分が社会生活をしていく上に，読むのはまず新聞であり，聞くのはラジオである。映画も現代生活において重要な地位を占めている。ところが過去においては，こうした新聞や，ラジオや，映画の学習を指導することは，国語の教育課程の中にははいっていなかった。最近ではそれが，国語の教育課程の一部分をしめるようになってきた」と，新聞をはじめとするマスコミを無視できない状況が進んでいることについて述べ，学習指導の具体的展開例として学校新聞の編集（第6学年）を相当なページを割いて示している。

しかし，1951年発行の「学習指導要領」を最後に，「新聞教育」は縮小されていった。「昭和30年度　小学校学習指導要領　社会編　改訂版」（1556年）では，「学級新聞を作ろう」「新聞・ラジオなどによる意見伝達の手段と進歩，その利用のしかた等についての理解や態度を高める」（第6学年）といった程度の記述となり，1958年発行の「昭和33年度　中学校学習指導要領　改訂版」の国語科では「中学校生徒向きの新聞・雑誌などを利用して，いろいろな文章に慣れさせる」となった。社会科では，「学習の全般を通して，各種の統計，年表，年鑑，新聞その他の資料を有効に使用する能力を育て，各種の資料を整理したり図表に表したりする技能を養うことがたいせつ」と限定的になってきた。戦後のいわゆる「新教育」に位置づけられた「新聞教育」は，次第に勢いをなくしていった。

柳澤は，次のように総括する。

「新聞教育研究活動を続けてきた神戸與夫が後年，新聞作りを無視した指導要領であってはならないとして『もののみかた，とらえ方，あつめ方，そしてそれをどうまとめるのかという力は新聞が教育全体の補強作用となって調和と統一をとっている』ものであると指摘したが，そうした声が広がることはなかった」[25]。

（5）30年間の「新聞教育」と今日的意義

こうした歴史的背景のもと，筆者は今まで30年近く「新聞教育」にかかわる実践に取り組んできた。それらの実践は，その時その時の問題意識や目の前の子どもの状況や実態，社会（学習指導要領など）が要請してきた教育内容や方法などによって多かれ少なかれ，影響を受けてきた。個人的なレベルまで下げれば，その年の学年教師との人間関係，管理職の意向など有形・無形の諸事情によっても左右されてきたともいえるだろう。

例えば，「民主的な子どもの集団つくり」と「総合学習」を目指して学級新聞作りの活動を展開しても，ほとんど理解されない時期もあった。しかし，そんなときでも目の前の子どもたちが，熱中して学級新聞を作ったり，全国コンクールの上位入賞を果たしたときなどは，その教育的意義を強く感じた。また，卒業文集で「私を変えた新聞作り」や「新聞作りで人との輪」「戦争学習を終えて」などを書いてきた子どもの作文を読んだときは大きな励みになった。

筆者の教員生活の中で大きなエポックとなったのは，1998年告示の「学習指導要領」の改訂である。「総合的な学習の時間」が導入されるのに伴って，「新聞」を活用した学習は，ある面，追い風を受ける形で勢いをつけた。新聞社側が提唱してきた「NIE 活動」ということで，その実践を新聞自身が積極的に取り上げたこともある。しかし，「新聞教育」が本来もっている「総合性」が「ゆとり教育」の中で改めて見直されたことも事実であろう。

筆者の実践は些細な試みであるが，「新聞教育」に一石を投じるものになってほしいと願っている。担任として絶えず教育現場に立ってきた筆者の実践は走りながらのものであるので，その時点では「良かれ」と思って実践したことでも，今から振り返れば，力足らずのものが多くあったり，独りよがりのものが少なからずあったりすると思う。

以下に記す実践は小学校のものであるが，「新聞教育」は小中高，そして大学とその時期に応じたものが必要と考える。最近では NIE 学会なども発足し，大学での教育も論議されているが，「民主主義と新聞」「教育と新聞」などはもっと論じられていいだろう。

新聞・ジャーナリズムを支えるのは，良質な読者である。「良質な読者」とは，新聞を主体的・批判的に読み解くことができる読者である。筆者は，本書の中で，新聞を主体的・批判的に読み解く子どもを育成する「メディア・リテラシーにつながる新聞教育の可能性」を探った。小学校現場での実践であるため，筆者の思いとは裏腹に理論や理念が先走っているとの批判もあろう。

しかし，未来を担う子どもを育てる「教育界」にとっても，民主的な社会を支える役目を担う「新聞界」にとっても，「主体的・批判的な読者」を育てることは極めて価値のあることだと考える。教材としての新聞には，過去の一時期「戦争を煽った」[26]苦い歴史もある。人権を著しく侵害した事例も少なからずある。また，活字離れの現状も見逃せない。

こうした現状認識を踏まえ，筆者は20数年取り組んできた「学級新聞作り」と10数年前からはじめた「NIE 活動」の理論・実践を整理することによって，「平和的で民主的な」「公民的資質」をもった自立的な市民を育てる「新聞教育」を構想したいと考えた。

「社会科」「総合的な学習」「国語科」など，まさに横断的な取り組みの中で展開した「探究的・協同的な学び」の実践例を今日的視点で整理し，課題を明らかにしていきたい。今までの実践を振り返り，検証しなおすことは，これから「新聞教育」に取り組む若い人々に何らかの意味と価値があると考える。

注

1）『学習指導要領』（平成10年版＝1998年版）。教育課程審議会の中間まとめ（1997年11月）は「総合的な学習の時間」を新設し，小中学校においては教科外に位置づける方針を示した。その後，1998年12月に「学習指導要領」が正式に告示された。

2）2005年「食育基本法」が制定され，その前文で「…健全な食生活を実践することができる人間を育てる」ことなどを求めている。篠田信司編『食育実践ハンドブック』三省堂，2007年。

3）2004年，文科省は「キャリア教育推進報告書」の中で，「児童生徒一人一人の勤労観，職業観を育てる教育」と定義して，その理念と方向性を示した。吉田辰雄『キャリア教育の理論と実践』日本文化科学社，2007年。

4）『学習指導要領』（平成20年版＝2008年版）。これまで「総則」において定められてきた「総合的な学習の時間」が，「総則」から取り出され，新たに「第５章」として位置づけられ教育課程における位置づけが明確にされた。小学校では３～６年生まで年間70時間が充てられた。外国語活動は５・６年生が各35時間行うこととされた。

5）佐藤学『授業を変える　学校が変わる』小学館，2000年，p. 146。
6）佐藤学『カリキュラムの批評』世織書房，1996年，p. 447。
7）前掲5），p. 147－148。
8）『学習指導要領』「小学校学習指導要領　社会　第1目標」（平成20年版＝2008年版）。「小学校　学習指導要領」において，「社会科の目標」は昭和52年版（＝1977年版）の「…民主的，平和的な国家・社会の形成者として必要な公民的資質の基礎を養う」，平成10年版（＝1998年版）の「民主的，平和的な国家・社会の形成者…の基礎を養う」まで同一である。平成20年版（＝1998年版）は「平和で民主的な国家・社会の…」と多少変わっているが，趣旨は一貫している。
9）小原友行「シチズンシップ教育～新しい授業の提案～」『社会科教育』2005年1月号，明治図書，2005年。
10）城戸又一編『講座　現代ジャーナリズム　新聞』時事通信社，1973年。同書 p. 324－339で佐藤毅は「『知る権利』」とジャーナリストの責任」について述べ，国民の「知る権利」の重要性を説く。
11）北村肇『新聞新生　ネットメディア時代のナビゲーター』現代人文社，2010年，p. 128－129。北村は1995年から2年間新聞労連委員長を務め，「新聞人の良心宣言」をまとめる。
12）柳澤伸司『新聞教育の原点』世界思想社，2009年。柳澤は同書のあとがきの中で「新聞と教育を結びつけることがどのように，どのような人たちによって，またどのような思想のもとに行われたのかを歴史的に整理し検証したものがあまりない」ので，「これからの新聞教育を支えていく教師の方々や新聞に関心を持つ人々の契機」となるよう同書をまとめたと記している。メディア論の立場から「新聞教育」にアプローチしたものだが，示唆に富む提言が多い。
13）奥川祐加「新聞購読アンケート」愛知教育大学＝デザイン教育研究室。奥川が卒論「新聞学習における教育環境の考察2010年」作成にあたって実施した。このアンケート調査の対象になったのは何らかの形で「新聞学習」を受けた学生で，実際の購読率はさらに低く「20％以下」という数字も出ている。
14）「言語力育成協力者会議の報告書」文部科学省ホームページ，2007年。
15）『学習指導要領』（平成22年3月告示）。新学習指導要領は，思考力などを育てるために従来よりも「言語活動」を重視している。1998年版の学習指導要領は児童や生徒の言語活動が「適正に行われるようにすること」と記しているが，新学習指導要領では，各教科の指導で言語活動を「充実すること」と踏み込んだ。小学5，6年生の国語では，新学習指導要領は「読む力」を育てるための指導事項として「本や文章を読んで考えたことを発表し合い，自分の考えを広げたり深めたりすること」などを6点を列挙。具体的な方法の一つに「編集の仕方や記事の書き方に注意して新聞を読むこと」をあげる。中学2，3年生の国語でも指導方法の一つに新聞を例示している。『朝日新聞』2010年8月8日付朝刊。
16）大木薫「戦後の新聞教育と NIE 未来像」『新聞と教育』1969年6月号，東京社，1969年。
17）鈴木伸男『新聞教育入門』白順社，1989年，p. 11。

18）影山清四郎『新聞でこんな学力がつく』日本 NIE 研究会，東洋館出版社，2004年，p. 23。影山は日本 NIE 学会を立ち上げ，初代会長に就いた。

19）妹尾彰，同上，p. 9。

20）1930年代にアメリカで始まり，日本では1985年に静岡で開かれた日本新聞大会で提唱された。その後，教育界と新聞界が協力し，社会性豊かな青少年の育成や活字文化と民主主義社会の発展などを目的に掲げ，全国で展開している。

21）原田紀保は愛知県新聞教育協議会初代会長で，元中日新聞 NIE コーディネーター。

22）『新聞と教育』（東京社発行）は1968年に創刊し，「新聞教育」にかかわる論文や実践記録を紹介してきた。2000年の300号で休刊。大内文一が編集長として長く活躍し，「新聞教育」に携わる教育関係者を支援激励してきた。

23）前掲12)。柳澤は NIE 学会などでも精力的な発言を続け，同会が教育者，新聞人，市民が集うものになるよう提唱している。三者が集う学会になることで新聞ジャーナリズムの改革や理解が進むと力説する。

24）この節は，滑川道夫の『文學形象の綴方教育』（人文書房，1931年）を参考にしながら，柳澤の著書を筆者が引用要約する形でまとめた。滑川（1906－1992）は，明治39年11月3日生まれで昭和時代の教育家，児童文学者。昭和5年雑誌『北方教育』に参加，国分一太郎，寒川（さがわ）道夫らと生活綴方（つづりかた）運動を進める。戦後，児童雑誌『銀河』を創刊した。

25）前掲12)，p. 296。

26）朝日新聞取材班『戦争と新聞』朝日新聞社，2009年。同書は自社の元記者への取材や膨大な資料を駆使して新聞がどのようにして「戦争」への道に突き進んでいったかを丹念に検証している。軍部に批判的な朝日新聞が1931年の満州事変を境にして急速に戦争に傾斜していったようすが実証的に報告されている。

第2章
「地域市民」の育成を求めて

(1)「日本デンマーク」安城からの発信

～「ぼくらの食糧を　ぼくらの手で」(2001年度　小学校5年の実践より)～

本単元では,「地域市民」の育成を求めてということで,地元愛知県安城市の「農業」について取り上げた。安城市はかつて「日本デンマーク」と呼ばれ,多角形農業という模範となる農業スタイルで全国から注目をあびた。そのような地域の農業を取り上げることは,地元安城市を見直すきっかけになると考えた。また,ここから農業や食を考えていけば,日本の農業がかかえる普遍的な問題,今日的課題を視野に入れることができると考えた。

小学校の5年生社会科では「我が国の農業」を取り上げることになっており,「食料生産に従事している人々の工夫や努力」などを学び「地域の具体的事例を通して調べること」を求めている。したがって,「総合」と社会科とは極めて強い関連性をもたせることができる。ここでの学習は「地域市民」としての自覚を大いに高める可能性をもっていると考えた。次のページに,単元の目標と構想図を示す。

(2) 学習指導要領を乗り越える

①「言語活動の充実」は学びの本質―「国語科」「社会科」「総合」の連携へ―

2008年3月告示の「学習指導要領」改訂のポイントの一つは「言語力の育成」である。「言語力」とは「知識と経験,論理的思考,感性・情緒等を基盤

第７次構想図

（＊おおざっぱな第１次構想から子どもの学習の足跡を順次加え、修正しながら展開していった学習の履歴 ）

５年　総合的学習　「ぼくらの食糧を　ぼくらの手で」（全９５時間）

単元の目標

① 「ぼくらの食糧を、ぼくらの手で」作る、育てるという目的を持って活動する中で、身近な食糧や地域の農業について興味・関心を広げ、「食と農」や自己の生き方に対する見方・考え方を深めていくことができる。
② 見学や調査、取材活動、新聞切り抜き、図書、インターネットなどを通して情報収集をし、問題を見つけたり、まとめたりすることががができる。
③ 追究活動の中で生じた問題を自分なりに明らかにしたり、友達と話し合って解決したりすることができる。
④ 飼育・栽培活動や見学・取材活動などさまざまな体験で培った思いや気づき、あるいは考えを、多様な表現方法や手段で表出することができる。

熱

自然教室で何を作って食べたらいいか弁当や夕食、給食などでメニューや食材を調べて参考にしよう (1)

弁当や夕食で、食材に何が使われているかな　(2)　(3)
・肉が多いな　・野菜が入ってるよ　・お米がやっぱり多いね

給食にはどんな食材が使われているのかな　どのくらい残飯がでるのかな (4) ～ (6)
・栄養のバランスが考えられているよ　・たくさん残っている日もあるね

学区の中には農家や食に関するお店はどのくらいあるのかな (7) ～ (9)
＜米づくり農家＞・作っているお米は「まつりばれ」
＜なし作り農家＞・一年中いろいろな仕事があるよ
＜八百屋＞・市場から仕入れているよ
＜コンビニエンスストア＞・米も売っているよ
＜うどん屋＞・お客が一日に５００人も来るよ

中

おにぎりを作ったり豚汁を作ったりして、おいしいお米や食材について考えたいな　自然教室に備えたいな (10) (11)
・お米の食べ比べをしたよ　種類によって味が違うね
・いろいろなみそがあったね　赤みそ白みそでは材料が違うのかな
・豚汁の具にはいろいろな野菜が入っているね
・だしの代わりにブタ肉を入れるとおいしくなるね

ぼくらの手でどんな食材が育てられるかな　(12)
・お米を育てたいな　・みそを作っている家があるよ　・野菜は育てられそうだよ　・肉って育てられるかな

米作り (13) ～ (16)
・バケツ稲で米が収穫できるように育て方の注意を教えてもらいたいな
・バケツ稲は毎日水をあげないとうまく育たないんだね
・田植えは、苗を３本ずつくらいいっしょに植えるんだ

みそ作り (17) ～ (19)
・みそってダイズからできるんだね
・ダイズを育ててみたいな
・ダイズからどのようにみそができるんだろう
・ぼくらでもできるのかな

野菜作り (20) ～ (22)
・今からだとどんな野菜が作れるのかな
・水かけを忘れないようにしないとうまく育たないよ
・土に肥料を混ぜたり、うねを作ったりするのは大変だな

ブタの飼育 (23) ～ (27)
・自分たちで育てられるかな
・ブタについていろいろ調べないといけないね
・ブタを飼うお金や住むところはどうしたらいいのかな
・ブタは何を食べるのかな

追

野菜や家畜などについて詳しい人に取材して、みんなに伝えたいな　(28) ～ (31)
＜専業農家＞・農薬は使っているのかな　・苦労していることは
＜生協＞・スーパーとはどこが違うの
＜農協＞・農協はどんなことをするところなんだろう
＜農林高校＞・ブタの飼い方について詳しく聞きたいな
＜養豚家＞・ブタを飼うために気をつけることは何？
＜味噌屋＞・みその作り方をよく見てみたい

主な支援（＊）と評価（★）の手立て

＊自然教室での活動を目標にして動機づけを図る。

＊社会科での「食糧生産」の学習と環流・連携できるように配慮する。

＊書いた発見メモをもとにＫＪ法的手法で子どもたちの発見した事実や気づきなどを整理していく。

＊家庭科での調理実習体験をきらめき学習に生かす。

＊新聞を読んで調べたり、家族に聞いたりする場を設ける。

＊農協の人や農家の人に話を聞く。

★取材評価カードで取材内容や取材方法などを自己評価する場を設け、次の取材に対する意欲や技能を高めるようにする。

＊国語『新聞記者になって伝えよう』の学習を生かして、「情報発信」という目的意識をもって学習に取り組めるようにする。

＊グループでの活動の場を重視し、「協同」できるようにする。

★グループでの話し合いの後に話し合った内容や態度を自己評価・相互評価する。

究

取材をしたことをまとめてみんなに伝えよう（32）～（35）

<専業農家>
・大きい機械が６台もあったよ

<生協>
・無農薬の野菜や果物があったよ

<農協>
・農協は農家の人のお手伝いをしているんだね

<農林高校>
・ブタは病気にかかりやすいんだね

<養豚家>
・ブタのえさや世話の仕方がわかったよ

<味噌屋>
・輸入しているダイズも多いんだね

自然教室でミニサバイバル体験をしよう 食糧の食材や献立を準備したり、考えたりしよう（36）～（40）

・ずいぶんむだにした食材もあるね
・作手村でとれた野菜かな

飼育や栽培、新聞の切り抜きで気になっていることはないかな（41）～（53）

・田んぼの稲はどうなっているかな
・「食や農」に関してどんな記事が集まったかな
・５年生全員で野菜はどれくらい収穫できたかな
・ブタの飼育でこれから気をつけることはないかな

いろいろな農家の人や食品店の人に聞いてみたいな（55）～（66）

<米作り農家>
・アイガモ農法って何

<自然食品店・生協>
・どんなものを売っているのかな
・遺伝子組換えって何

<お菓子製造会社>
・国産大豆にどうしてこだわっているのかな

<農林高校生>
・どうして農業を学ぶの

<養豚家>
・ブタのよく育つ方法は

農林高校生にアンケートもとりたいな（54）

錬磨

取材でつかんだ農業の問題をみんなで考えたいな（67）～（74）

専業農家の問題は何かな
・農家の願い
・農協の役目は
・生産者の苦労工夫は？
・農業後継者がいないよ

安全な食べ物を食べているのかな
・生協とスーパー
・消費者の願い
・野菜や果物・肉は安い方がいい？
・コンビニや冷凍食品は便利？

外国と日本の農産物はどちらがいいのかな
・米は国内産がいい？
・外国産がいい？
・自給率について考えよう

ブタの世話は大変じゃないのかな
・ブタの世話は大変だけど必要な家畜だね

日本の農業はどうしたらいいのかな（75）～（77）

<農家の立場>
・このまま農業後継者が減り続けるとどんどん自給率が下がっていくよ
・安い輸入品が増えると困るからセーフガードしてほしい
・無農薬では大変な手間がかかるよ
・農業をやらない人ばかりになると困るね

<消費者の立場>
・少しでも安いものが買いたい
・少しくらい高くても安全な食べ物がいいな
・同じものなら安い方がいい
・日本の農業を考えると国内産を買うべき

自己表出

プロジェクトＡ ・・・ 日本の農業を考えよう（78）～（85）

・たくさん米や野菜がとれると思ったけど育てて収穫するのは難しいな
・自給自足って思ったより大変なんだな
・農業の大切さがわかった気がする
・話を聞いたりビデオで見たりして食糧事情が詳しくわかったよ

育てたブタはどうしよう（86）（88）

・ここまで育ててきたからこのまま飼いたい
・かわいそうだけど食肉としての家畜だから仕方ない
・飼うにはいろいろ問題が多すぎる。
・みんなで力を合わせれば飼うことはできる。

ニワトリの解体を考えよう（89）～（91）

・ブタでは、解体なんてできなかったけど、ニワトリではやってもいいし、やるべき。
・ニワトリでも解体はやるべきではない。
・食の大切さを学ぶためには、「解体授業」は意味がある。
・残酷なことはやりたくない。

学芸会で日本の農業のことをみんなに伝えよう（92）～（95）

＊安全面の配慮のために、教育ボランティアの協力を受ける。

★取材した内容について相互評価する場面を設ける。

＊少人数のグループ学習に対応できるよう教育ボランティアなどの協力を仰ぎ、個別の対応ができるようにする。

＊子どもの興味・関心に寄り添いながら、グループごとに調査活動やまとめの活動ができるよう配慮する。

＊夏休みに「食と農」に関する新聞記事の切り抜きを呼びかける。

＊「食と農」に関心の深い人から話を聞く場を設ける。

＊農家の人などへのアンケート結果を円グラフなどでまとめる活動を通して、算数の割合の学習への動機づけとする。

＊取材したことやアンケート結果を新聞記事やポスターなどにまとめ発表する場を設ける。

＊集めた新聞記事やビデオなどを資料にパネルディベートを行い、日本の農業についてさまざまな観点から議論する。

★話し合いの場面では、取材や新聞記事、アンケートなどの情報を基に根拠をもって発言できたか自己評価・相互評価する。

＊さまざまな発表の場を通して、これまでの学習を振り返り、食と農の大切さを感じ取る機会とする。

＊体験したことや学習したことを脚本に取り込み、「食と農」に対する認識を深める機会にする。

として，自らの考えを深め，他者とのコミュニケーンを行うために言語を運用するのに必要な能力を意味する」とされている（『言語力育成協力者会議配付資料』[1]2007年８月）。

さらに中央教育審議会は，学習指導要領の改訂に際して次のような指摘をして注目された。

「知識や技能の習得（いわゆる習得型の教育）と考える力の育成（いわゆる探究型の教育）を総合的に進めていくためには，知識・技能を実際に活用して考える力を育成すること（いわゆる活用型の教育）が求められているとしている。その際『言葉』を重視し，すべての教科活動を通して国語力を育成することの必要性が指摘されている」。

社会科や「総合」に絞って考えると，これらの指摘によって新しい授業スタイルを生み出す必要があるわけではない。これは岩田一彦がいうように「要請されている内容および方法を社会科授業に組み込んでいくことは，社会科授業自体をあるべき方向に改革していくもの」[2]で，社会科は「言語力育成の核」になりうることを示す提言でもある。また，寺本潔も「(社会科は）国語科と異なり，現実の社会における問題場面で考え，様々な大人とも出会い，感動やジレンマを味わいながら言語力を磨く教科であるため，生きて働く実用的な言語力を育てやすい」[3]とも述べ，「社会科らしい授業であればあるほど言語力も磨かれる」と同趣旨の考えを表明している。

「総合」では，「問題の解決や探究活動の過程においては，他者と協同して問題を解決しようとする学習活動や，言語により分析し，まとめたり表現したりするなどの学習活動が行われるようにすること」[4]が強調されているが，これらは「総合」発足当初，筆者が研究主任をしていた前任校[5]でも留意していたことで，ことさら新しい視点ではない。「総合」において，こうした指摘がなされる背景には，この理念・目標が実はおろそかにされていた実態，経緯があると考える。

第１章で述べたように，筆者の周辺でもそうした実態は少なからずあった。この間の事情を筆者なりにつきつめていくと，当時の教育現場の問題にぶつかる。それは率直にいって，「総合」を推進していく立場にある管理職や指導的立場にいる教員に「総合」の理念にそった実践や理論が乏しかったり，無理解だったりする現実があったということである。したがって，「総合」の全体像が描けず，表面をなぞっただけの実践に終わってしまう学校もいくつかあった。

今回の改訂の趣旨は，同じ轍を踏まないように，当初の理念をより鮮明にしたと受け止めたほうがよいと筆者は考える。削減された「総合」の時間の中で，より「探究的」「協同的」な学習が求められており，その中で「言語力の育成」が重視されるのは，ある意味当然のことでもあろう。

「国語科」「総合」「社会科」の連携，とりわけ「総合」と「社会科」は学習内容と学習方法，「内容知」と「方法知」が重なる部分が多く，「学習の還流」[6)]を生むことが大いに期待できる。

まず最初に，「総合」の「ぼくらの食糧を　ぼくらの手で」の実践（2001年実施）を今日的視点から分析・考察し，明日の実践への指針と課題を明確にしていきたい。

②本物の取材を体験する―「本物の子ども記者」を目指して―

「新聞記者になって伝えよう」[7)]という学習が，５年生の国語の教科学習の中にある。かつて，生活科の取り組みの中で，２年生の子どもたちが学級新聞を作ったことがあるが，実はそのとき，子どもたちは読者を増やそうと，地域の人に自分たちの作った学級新聞「たけのこ新聞」を宣伝するという活動を行った。「自分たちの作る新聞が地域の人に読まれる」ということが，子どもたちの大きな励みになり，子どもたちは一生懸命，読者を募集したのであった。そして，子どもたちの努力が実り，「たけのこ新聞」は最終的には80数人の購読者を得た。「子どもが作り，子ども自身が売った学級新聞」が地域の人に読まれることによって，より一歩「本物の新聞」に近づいた（コラム①参照）。

教科書に載る「新聞記者になって伝えよう」の国語の学習は，「総合」とうまく連携していけば，このように「本物」を体感し，「本物」と出会う場面を数多くもつことができる。学習前の子どもたちに，そんな「本物との出会い」

の場面をいくつか示唆すれば，期待で胸がわくわくするに違いない。「取材で好きなところに出かけられるよ」「本物の新聞記者に会って話ができるよ」「みんなの書いた記事が本物の新聞に載るよ」。こんな話を子どもたちにしながら，「新聞記者になって伝えよう」の学習が始まった。

③教科学習と「総合」を結びつける―体験と学習のバランスを―

この章では，「総合」，社会科以外に国語科の実践も多くふれるが，これは本実践が教科横断的な性質を多くもつからである。

「新聞記者になって伝えよう」の学習は，「総合」の進捗状況に合わせ１学期から２学期に至るまで断続的に展開した。「総合」で取材したことを記事にするという動機づけをはっきりさせることで，国語の学習への「還流」効果をねらった。また，新聞記事を活用したり，新聞記者を実際に教室に招くなどして，新聞や記事，新聞記者に親しむ機会を多くした。

学びの中心的な活動になったのは取材である。子どもたちは，学校外に出る取材活動は解放的であるがゆえに，実にいきいきとした表情を見せる。しかし，子どもたちの実践的な取材活動も「主体性」や「自由」を重んじるあまりに放任していると，底の浅い行き当たりばったりの活動になってしまうことがある。したがって，そこでは，国語の学習が重要となる。本物の「子ども記者」になるためには，「記者修行」が必要である。また，いくら取材の仕方を学んでも，それだけでは「本物の子ども記者」になれない。「体験」と「学習」をバランスよく積み重ねていくことが何よりも大切である。

④プロ（新聞記者）をまねる―「デスク会議」で記事のチェック―

１学期は，社会科の食糧生産の学習や家庭科の調理実習体験を生かして「総合」を展開した。主な活動として，家庭での食事調べやおにぎり・ブタ汁作り，取材活動，米・夏野菜の栽培，ブタの飼育などを行った。取材活動は２回行い，１回目は自分の家の近くにある農家や食に関するお店の取材を行った。事前にあいさつや言葉遣いなどのマナーを確認し，取材相手に合わせた質問内容を考えて取材に臨んだ。

弓子は６月に第１回目の取材を終えて，そのようすを次のように書いた（以下，児童名はすべて仮名である)。

ただいま新聞記者見習中①

私は１学期に総合的学習の取材で２つの取材に出かけ，いろいろなことを学びました。第１回目の最初の取材では，私たちは学区にある「食」に関するお店や，農家のことを調べることになりました。私たちはまず，ひとつ目に大正庵というお店に行きました。少し，質問の練習をしてから店内に入りました。

店の中をよく見ると，和食中心のお店のようでした。待っていると，女の人が案内してくださいました。食事の材料はほとんど国内産で一日にくるお客の数は，約500人だそうです。500人と言えば，私たち５年生が100人ちょっとだから，その５倍です。そんなに来るなんて，びっくりしました。

次にサークルＫへ行きました。とても親切に質問を聞いていただきました。材料は業者から仕入れ，米はコシヒカリ，秋田こまちの２種類を売っているそうです。意外と少ない気がしました。もしかすると，昔はもっと売っていたんじゃないかと思います。

お礼を言って，次にファミリーレストランのデニーズに行きました。お客さんがたくさんいるようだったので，ここでも質問の練習をして中に入りました。女の人が近づいて来ました。事情を話したら，いそがしいという理由で断られてしまいました。ことわられることもあるということを学びました。

第１回目の取材は時間も短く，質問も表面的なものに終わっている。しかし，予約なしで取材に入った店でちょっとしたスリルを味わい，取材拒否にあいながらも，取材の楽しさを少しずつ感じ取っているようすが伝わってくる。

第２回目は，取材先を専業農家，生協，安城農林高等学校，養豚家，味噌屋の６カ所に絞った。取材先ごとに，グループで質問事項を考え，取材に出かけた。弓子たちのグループは，岡崎の八丁みそ工場を取材した。

ただいま新聞記者見習中②

２回目の取材では，みそのことを調べるために，八丁みそ工場に行きました。私たちは，この取材の前に豚汁作りをしてみそに興味を持ったのでした。その時，赤みそと白みそでは材料や作り方に違いがあるのかという疑問を持ち，今回の取材につながりました。

工場に着くと，八丁みその作り方を教えていただきました。その時，いっしょに渡された紙には，使っている大豆が国内産40パーセント，外国の物は60パーセント使われていると書いてありました。輸入が多いということだろうかと思いました。なぜ，こんなに輸入するんだろうと思いました。
　次に，みそを置いておくところに行きました。そこで，お話を聞くと，昔はたるで輸出していたことがわかりました。どうしてか聞こうと思いましたが，すぐに質問することができませんでした。考えていると長谷川君が「前の方は，あの石がピラミッドみたいに積んであるのに，うしろの方は何で，少ししか積んでないんですか。」という質問をしました。すると係の野場さんは「いいところに気がついたね。それは水の量でちがうんだよ。」と答えてくださいました。その石は重石といって，水分少なめの時ほど重石が多いそうです。そこで，みそづくりは機械でしないのだろうかという疑問が浮かびました。

２回目の取材は，１回目に比べると，「疑問」や「なぜ」「どうして」という言葉がさかんに使われれている。問題意識が高まってきたからだと考えられる。しかし弓子は，その場ですぐ質問するのはちゅうちょしてしまったようだ。質問した長谷川の言葉が印象に残ったのは，自分が質問できなかったからだろう。子どもたちは，１回，２回と取材経験を積み重ねながら「取材の仕方」を学んでいった。

ところで，「総合」では多様な自己表出力の育成を目指しているが，「言語力」の育成という点ではやはり取材記事としてまとめることが大切だろう。

次に記すのは，２回目の取材でまとめた一郎の記事について，学級全体で話し合ったときの授業である。この授業では，助言者として中日新聞社の川本公子記者[8)]を招いた。２時間続きの前半の１時間では，子どもたちの取材記事や話し合った内容について，川本記者から助言をしてもらうのが主な目的であった。また，後半の１時間では，子どもたちが自由に川本記者に質問できる時間を十分とることにした。

学習の第一の目標は，「二つのモデル記事を基に，取材の仕方や記事の書き方について，良い点，直すべき点をはっきりさせていく」ことであった。そして，第二の目標は，「読み手にわかりやすく伝わるような記事にするには，どのような取材をしたらよいか，どのような記事の書き方をしたらよいかを考える」ことであった。

いくつかの取材記事から，養豚家を取材した一郎の記事（資料2.1）を選んだのは，「総合」でブタの飼育が予定されていたからである。また，ブタについての学習が少しずつ進みつつあったので，内容について，子どもたちの関心が極めて高かった。

新聞社の用語でデスクという役割の記者が記事原稿を点検するのに倣って，この授業を「デスク会議」と呼び，一人ひとりの意識を高めるようにした。事前に二つのモデル記事について感想を書く時間を十分確保し，それぞれが自分の見方・考え方をもって授業に臨んだ。

資料2.1　一郎の取材原稿

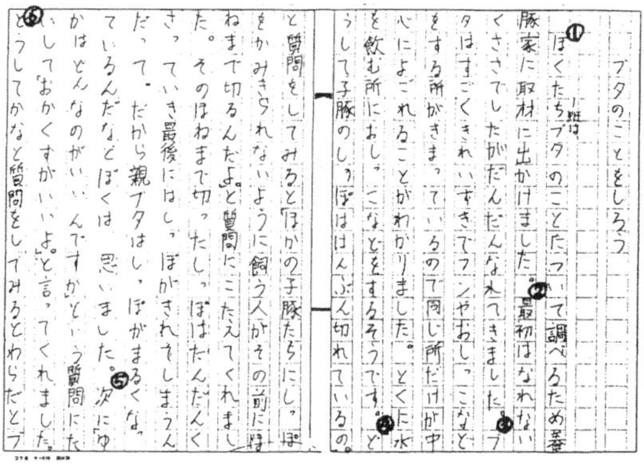

ブタのことをしろう
①ぼくたち1班は，ブタのことについて調べるため養豚家に取材に出かけました。②最初はなれないくささでしたがだんだんなれてきました。③ブタはすごくきれいずきでフンやおしっこなどをする所がきまっているので同じ所だけが中心によごれることがわかりました。とくに水を飲む所におしっこなどをするそうです。④どうして子豚のしっぽははんぶん切れているの。と質問をしてみるとほかの子豚たちにしっぽをかみきられないように飼う人がその前に[illegible]ねまで切るんだよ。と質問にこたえてくれました。そのはねまで切ったしっぽはだんだんくさっていき最後にはしっぽがされてしまうんだって。だから親ブタはしっぽがまるくなっているんだなとぼくは思いました。⑤次にゆかはどんなのがいいんですかという質問にたいしておかくすがいいよ。と言ってくれました。⑥どうしてかなと質問をしてみるとわらだとブ

【授業記録】

T：この2つの記事はとてもいい記事の例として出してあります。2つの記事の良い点，直す点，質問したいところはどんなところだろう。
C：全体的に理由が書いてあります。
C：④の文で，なぜ子ブタがブタのしっぽをかむかよくわかります。
C（恵理）：かむわけは書いてない。理由とかは書いてないと思います。
C（弓子）：⑥の文のところは，⑤に続けて質問してあり，わかりやすい。
C：自分が用意していなかった質問のところもよく聞いて，書いてある。
C：④のところは用意してなかった質問もして，書いてある。
C：③⑦⑧のところは，学校でブタを飼うときに必要なことが書いてある。
C（弓子）：⑦⑧では自分の意見を取り入れて書いてある。
C：④では，教えてくれたことで自分が思ったことも書いてある。
C：④ではどうして親ブタのしっぽが丸くなるのか書いて欲しい。
C：今書いてないと言ったけど，④のところの最初の方に，その理由が書いてある。
（前に出て，黒板のところの文を指して）この部分が理由だと思います。
T：記事を書いた一郎君。今の二人の意見を聞いてどうですか。
C：ぼくは，子ブタのしっぽが切れていたので，そのことを質問しました。④の最後の部分は僕が考えたことです。

C：別のことで，③の文に「きれい好きなんだけど，水を飲むところにおしっこをする」と書いてあって疑問に思いました。
C：②の文に，「なれないくささ」と書いてあるんですけど，どんなくささかくわしく書くといいと思います。何日でとれるとか。
C（恵理）：何日とは言えない。
T：恵理さんの記事にも臭いのことが書いてあったね。恵理さん，読んでくれる。
C（恵理）：（自分の記事を読む。）「その近くになると，プーンときつい臭いがしました。だんだん中に入っていくと，臭いが強くなってきました。」（自分の記事を読む。）
C（由也）：この書き方だと僕もよくわかる。
T：一郎君の記事はとってもいいけど，恵理さんのこの臭いの部分は由也くんも認めてくれているんだね。
C（弓子）：私はこの臭いがどういうくさい臭いか，例えを出すとわかりやすいと思いました。
T：なるほど，例えを出すのか。それはいいね。違う意見はありますか。
C：③の文で見たことか，聞いたことかよくわかりませんでした。
C（一郎）：③のところは，見た感じが汚れていたのでそのことを聞いてみると，教えてくれたのでそれを書きました。
C：今の説明で納得しました。（略）

子どもたちが行う取材は時間が限られているため，質問をあらかじめ考えて取材に臨むようにした。しかし，それだけでは良い取材はできない。取材現場で疑問に思ったことを，どれだけ質問できるかで取材の深まりが出てくる。子どもたちにそのことを強調しておいたが，一朝一夕で「臨機応変」の取材ができるようになるわけではない。

しかし，一郎の記事にはその場で疑問に思ったことを聞き出してまとめた部分があった。一郎の記事を読んだ子どもたちの中に，その価値を見い出した子が何人かいた。それは，「自分が用意していなかった質問のところもよく聞いて書いている」といった発言である。他の子どももその発言に同意した。また「学校でブタを飼うときに必要なことが書いてある」などの発言は取材の目的をしっかり意識しているから出た発言であろう。「臭い」について発言した子も何人かいる。ブタ独特の「臭い」について，二つのモデル記事を比べ，表現のあり方を具体的に指摘している発言や「例えを出すとわかりやすい」と答えた発言は，記事の書き方を考える上で優れた指摘であった。

記録のような授業のやりとりを聞いたあと，川本記者は助言をしてくださった。そして，子どもたちのさまざまな質問に答えてくれた。

弓子は，川本記者との出会いを次のように記した。２回の取材をした後だけに，弓子の心には川本記者の話が印象深く残った。

ただいま新聞記者見習中③

私たちのクラス５年３組に，本物の新聞記者・川本公子記者がいらっしゃってデスク会議に参加してくださいました。川本記者は20年以上の経験を持つベテランの記者でした。このデスク会議というのは，新聞にのせる記事をこうしたらいいとか，ここがいいとか話し合う会議のことです。

私たちが，「ブタ」に関する取材記事について話し合っているのを聞いた後，川本記者はいろいろなアドバイスをしてくれました。たくさん観察して，相手の話をしっかり聞くことや自分や友達のわからないことをはっきりさせる大切さを教えてくださいました。

川本記者はたった２時間でたくさんのことを上手に伝えてくれました。さすが，本物の新聞記者だと思いました。私はこの１学期の取材でいろいろなことを学びました。２学期には今よりももっとすごい取材をして，いい記事を書きたいと思っています。

子どもたちの「学び」の中で，「本物」に出会う意味・意義は大きい。特に，取材を積み重ねながら「新聞記者体験」をしている子どもにとって，本物の記者の助言や励ましは何にも増して学びへの動機づけとなるだろう。では，本物の記者の助言は，「動機づけ」以外にどのような意味・意義をもつのであろうか。それは，例えば整理専門の記者であれば，見出しの付け方や割り付けの技術であったり，写真記者であれば，より良い写真の撮り方や選び方であったりする。その場合には抽象的・一般的な話でなく，子どもたちが実際に取材した材料（書いた記事，撮ってきた写真）の中身について，指摘してもらうことが大切である。したがって「取材」や「新聞」について子どもたちの学びが白紙の状態で聞くのではなく，ある程度の体験を積んだときに，助言を受けるのがよいと考える。「プロ」の新聞記者から何を学ばせるか，授業者はねらい・めあてをはっきりしておく必要がある。

こうした学習によって「取材の手引き」に近いものが少しずつでき上がっていくだろう。本物の記者が，実際に取材力を付けるために「マニュアル」を参考にするかというと，そうではない。子どもも同様に「取材体験」そのものから「取材の仕方」を学ぶところが極めて多いのである。

⑤「新聞切り抜き活動」と「取材活動」は車の両輪
―「取材」で現実へ踏み込む―

かつて，『教育ってなんだ』など優れたルポルタージュを発表したジャーナリストの斎藤茂男は，NIE 活動に関する座談会で，次のような趣旨の発言をしている。

「新聞を通して現実に踏み込む…それには（新聞の）読み手から作り手へ生徒を前進させることも必要」[9]。

筆者は，新聞記事の切り抜きや新聞記事を活用するにあたっては，斎籐の指摘を大事にしたいと考えている。「切り抜いた記事と関連する人物やもの，こと」を取材することによって，報道されたことが自分たちの生活や学習内容とつながりがあることを少しずつ実感してほしいと願っているからである。新聞の切り抜きや取材活動を通して社会的なニュースに関心をもつ子どもが増えることを期待している。

5年生の「総合」単元である「ぼくらの食糧を　ぼくらの手で」では，野菜や米を作り，ブタを育てた。そして，かつて「日本デンマーク」とも呼ばれた地域の農業や身近な食糧について興味を広げ，「食と農」や「自己の生き方」に対する見方・考え方を深めていくことを目指した。そのために，「食」や「農」をテーマにした新聞切り抜きや取材活動を重視した。

2学期は，新聞記事の切り抜きや米や野菜の栽培体験，ブタの飼育体験などを振り返る場を設け，子どもたちの問題意識を集約し，次の取材に結びつけていった。

ここでは切り抜いた新聞記事をどのように取材活動に発展させたかを，順序を追って述べていきたい。

【新聞記事の切り抜きと活用の手順】

① 最初の段階としては，子どもたちに興味・関心のある記事の切り抜きを呼びかけた（①の段階を通過して，初めて新聞記事に親しむ子が増えてくると思われる）。

② 次に，夏休みに「食と農」のテーマに絞って10枚程度の新聞記事の切り抜きを呼びかけた。

③ このときには，できるだけ保護者の協力を得られるように，プリントなどで教師の意図をわかりやすく伝えておいた。

④ 集まった中から適切な記事を選び，選んだ記事を新聞活用カードにし，印刷・配付して授業に臨んだ。

では，つぎに実際の授業場面を再現しながら，留意したことと子どもの主な反応を書いていく。この授業自体は国語としての位置づけであるが，取り上げる材料（ネタ）は「総合」で取り組んでいるものである。筆者は，このように学習を連携することが極めて大切であると考える。

5年　国語「新聞記者になって伝えよう」

目標「アイガモ農法の記事を読んで，わかったことや疑問に思ったことなどを整理し，次の取材活動への意欲や目的意識・質問内容などをはっきりしていくことができる。」

まず，資料2.2のような新聞記事（切り抜きカード）を「朝の学習」の時間帯に配付し，「この記事から，わかったこと，考えたこと・疑問に思ったことをカードに書き出しましょう」と指示した。

新聞記事から得られる知識と読むことによって起きてくる考え・疑問などを整理していくことで，取材活動への知的な好奇心と問題意識を培うことができると考えた。子どもたちは思い思いにカードにえんぴつを走らせた。弓子は，カードに資料2.2のように書いた。

その後，「カードに基づいて，グループ（通常の学習グループ）でわかったこと，考えたこと・疑問に思ったことを話し合いましょう」という指示を出し，各個人が自分の考えをもった上でグループで話し合いを行った。

資料2.2　使用した新聞切り抜きカード

①この記事を読んで初めて分かったことは何ですか。箇条書きにまとめましょう。
②記事を読んでもっと調べたいことは何ですか。
③記事を読んで，考えたこと，思ったことを書きましょう。

2001年(平成13年)7月15日(日曜日)　☆小学生　(8)

キッズに突撃

アイガモ農法

クワッ、クワッ。イネの間を小さなカモがスーイスイ。愛知県知立市の知立南小学校は、もち米を育てている田んぼにアイガモ十二羽を放っています。「雑草や、イネに付く悪い虫を食べてくれるんだ。でも自分より大きいイネは食べないんだよ」と五年生の神谷[illegible]くんが教えてくれました。

この学校がアイガモ農法に取り組んだのは四年前から。毎年五年生が世話係です。今年は六月半ばにひなを入れ、百二十六人が四人ずつ交代で、夏休みにもえさをあげています。

初めは手のひらに乗るほど小さくて「ピーピー」鳴いていたけど大きくなるのは早いよ」と吉川[illegible]くん。抱いてみた[illegible]さんは「柔らかくて温かかった」そうです。

収穫したら年末に老人クラブの人たちと、もちつき大会を開く予定。[illegible]知佳さんは「化学肥料を使ってないから安全でおいしいはず」と、イネとカモの成長を願っています。

感　想

①私は，この記事を読んで，何で自分より大きいイは食べないのかな？と思いました。
②それと，カモより大きいイネの虫をとる方法はないのでしょうか？
③また，1つの田にどれぐらいのカモを放すのかも知りたいです。
④あと，イネがどれくらい成長した時ぐらいに放すのでしょう田植えをしたらすぐ放して良いのでしょうか？
⑤どれくらいの大きさのアイガモを放すのでしょう？

①この記事を読んで，何で自分より大きいイネは食べないのかなと思いました。
②それと，カモより大きいイネの虫をとる方法はないのでしょうか。
③一つの田にどれくらいのカモを放すのかも知りたいです。
④あとイネがどれくらい成長したときに放すのでしょう。田植えをしたらすぐ放して良いのでしょうか。
⑤どれくらいの大きさのアイガモを田に放すのでしょうか。

出所：『中日新聞』2001年7月15日付より作成

佐藤学は，前掲書『授業を変える　学校が変わる』の中で，教科学習でも「総合」的学習でもグループにおける話し合い活動の重要性を指摘している。

筆者の学級では，日常的に1時間の授業の中で短時間ながらもグループの話し合い活動を位置づけてきたので，少しずつではあるが，話し合いが和やかにできるようになってきた。今回もリーダーの司会で自由に話し合いを行った。グループでの話し合いは少人数なので，気軽に行えて，ちょっとした疑問も口に出しやすく，楽しく学ぶ雰囲気が生まれてきた。

グループでの話し合いに続いて，学級全体で話し合った。

【授業記録】

T：学級全体で，記事からまずわかったことを整理しましょう。
C：雑草や稲につく虫を食べる。
C：自分より大きい稲は食べない。
C：化学肥料は使わないですむ。
C：アイガモの成長ははやい。
C：農薬の節約になる。
C：食べた人の害にならない。
C：僕たちの近くの小学校でやっている。
C：どれくらいで，アイガモは田に放せるのか。
T：「これはどういうことかな」「もっと調べたいな」ということをまとめてみましょう。
C：どれくらいでアイガモは田に放せるのか。
C：アイガモはどうやって手に入れたのか。
C：アイガモは田んぼから逃げないのか。
C：自分より大きい雑草は食べないのか。
C：どうして自分より小さい稲は食べないのか。
C：アイガモより他に，こうした方法はないのか。
C：アイガモは食べるものがなくなったらどうするのか。
C：自分より大きいのを食べないのはなぜか。
C：アイガモは大きくなったらどうするのか。
C：食べるものがなくなったら，アイガモはどうするのか。（略）

今回取り上げた新聞記事は子ども向けに書かれたもので，内容的には難しくないが，記事で確実にわかったことなのか，まだ疑問に思うことなのかを，子どもたちに問い返しながら整理していった。

疑問点（質問事項）をはっきりさせると同時に，今回の取材の目的が何かを，子ども自身がはっきり自覚できるよう，模造紙にまとめた。

取材日にはこのアイガモ農家をはじめ，6つの取材先（市民生協，安城農林高校，養豚家，自然食品店，製菓工場，有機農法農家）に徒歩やバス，電車などで取材に出かけた。アイガモ農家の近藤さんを取材した弓子は，「自然を生かすアイガモ農法」という記事をまとめた。また，弓子が書いた記事の一部は，学級新聞の「食と農の特集号」の記事として掲載され，家庭に配られた（資料2.3の学級新聞参照）。

自然を生かすアイガモ農法

農薬や遺伝子組み換えなどの言葉をよく耳にするようになりました。そんな中で食と農を学習している私は，農薬を使わないアイガモ農法を知りました。そして，そのアイガモ農法のことをくわしく調べるために私は，アイガモの農家の近藤さんにお話をうかがうことにしました。

愛知県安城市で農家を営んでいる近藤さんは奥さんとお母さん，お子さん二人と住んでいらっしゃるそうです。近藤さんが育てているのは，米７ヘクタール，麦７ヘクタール，みつば26アール，ニワトリ約200羽とアイガモ50羽で，お米の中の50アールがアイガモ田で10アールに10羽ずつアイガモを放しています。

このアイガモくんは茨城県から来ました。アイガモくんはアヒルとマガモのあいの子でとてもよく働いてくれるそうです。アイガモくんのお仕事は雑草を食べ，悪い虫を食べるので除草剤や殺虫剤を使わずにすむのです。

そんなアイガモくんを育てている近藤さんのお仕事は，①まず産まれたての子ガモを外気に慣れさせるため，７～10日，小さなビニールハウスで育てる。②イネとアイガモの成長が同じことを考え，同時に田植えとアイガモを放す。③田に放して２・３週間から１ヶ月ぐらいたつと雑草や虫とは別にえさをやり始める。④７月下旬から８月上旬ぐらいのイネの穂が出る前に，アイガモがイネをたおさないように田から引き上げたりする。実にたくさんです。

こんなにすばらしいアイガモ農法をしている近藤さんの後継者はまだ分かりません。「子どもがあとをつぐかどうかは子どもにまかせる。でも私はトラクターに乗る人だけが農民とは思っていない。農業を指導するのも農民。」と農業をあつく語ってくれました。この話を聴いて，農業を真剣に考えてくれている人がいるのはとてもうれしいと思いました。

⑥新聞社と教育現場の協力を―子どもが書いた記事を一般紙に―

先にふれたように，「NIE」は新聞社側によって提唱されたものである。その経緯はあるにせよ，教育に携わる側が主体的に考える必要がある。大木薫は，次のように主張している。

「…NIE 運動は，よりよい新聞を育てるための読者の教育といえる。…昭和20年代の運動の…頃とは比較にならないくらいの情報媒体のあることも考えてみると，NIE 運動の持つ意味の深さがわかる」[10]。

では，小学生の段階でできる「新聞教育」の実践として，新聞社と教育現場が協力してどのようなことができるか，その可能性に挑戦してみた。はたし

資料2.3　学級新聞「あさがお」

2001年（平成13年）10月24日（水）　学級新聞「あさがお」（食と農 特集号）1面

安心安全新鮮の生協店!!

あさがお

遺伝子組み換え原料はなし

生協のお客さん いでんし組み換えに反対

2001年（平成13年）10月24日（水）　学級新聞「あさがお」（食と農 特集号）2面

自然食品店

農林高校生に聞く

JASマークとは？

て，それが後に続く授業実践者の道を開くものになったかどうか，今の時点では断言できないが，記録にとどめたい。この年，筆者は地元の中日新聞社の原田紀保コーディネーター11）と「新聞教育」にかかわる実践で模索を続けた。その結果考え出したのが，子どもの取材したものを本物の新聞に掲載するという試みであった。それも一つや二つの記事ではなく，ほぼ1ページすべてを活用するというものであった。文字どおり，筆者も子どもも「新聞記者になって伝えよう」の集大成として取り組んだ。

完成までには，筆者が子どもたちの取材の手配をしたり，取材に付き添ったりと，支援・負担も少なからぬものがあった。また，校外に出るときには安全上の問題点などを解決しなければならず，保護者のボランティアによる協力などを取り付ける必要があった。しかし，完成の喜びには変えられないと，筆者も子どももがんばることができた。

トップ記事の作成にあたっては，「JA あいち中央」から取り寄せた資料「安城市の農業の変化」を学級全員で読み取る学習を1時間かけて行った。記者の弓子は，そこで出た重要ポイントを押さえてトップ記事に仕上げた。また，「ブタの飼育」の記事を書くために当番が記録した飼育日誌をグループで手分けして読んで，事実を確認する作業を行った。新聞に掲載された「ブタの飼育」記事の文章は短いものだが，取り上げるエピソードを何にするかについてグループで話し合った。

『中日新聞』に掲載された直接の記事の執筆者は6人であったが，学級の多くの者がこの「紙面」にかかわることになった。途中，筆者の推薦した記事が新聞社側のデスクによって「ボツ」にされることもあった。そのときには，ボツ原稿の代替え記事として，新聞社のデスクの指導・助言によって新たな取材先を見つける必要性に迫られ，冷や汗をかくこともあった。それでも取材体験を積み重ねてきた子どもたちは，取材内容を整理し，追加取材をして計6本の記事を完成させることができた。

いわゆる今回の「学習指導要領」改訂で強調される「探究」と「協同」の学びとはこのような学習過程を指すだろう（筆者がこの実践を展開するにあたって参考にしたのが，長野県の伊那小学校を中心とした「総合学習」[12]である）。

⑦「新聞」を広場にした「学びの共同体」を
―「書き手」と「読み手」の双方向性を―

子どもたちが取材した記事は，「頑張れ日本デンマーク　農業戸数減少に歯止めを」という大見出しで，『中日新聞』（2001年10月25日付）の「いきいき新聞」[13]の1ページ全部を使って掲載された（資料2.4参照）。学習内容を発表して終わりという単元の終末にしないために，この新聞記事を使って次の学習場面を設定した。「学習者」と「第三者（読者）」の双方向性を強めるという「学習場面」である。

まず，読者への働きかけをした。一つは，保護者を中心に記事の感想を募ったことである。学校の学びは授業参観を始め，学級通信，ホームページなどさまざまな形で公開されているが，やはりそれらの感想を子どもに返すことが「学びの共同体」を創る上で欠かせない営みであろう。

資料2.4　協同的な学びで仕上がった記事

出所：『中日新聞』2001年10月25日付

提出された保護者の感想用紙にはびっしりと驚きの声などが書かれていた。

さらに，この「いきいき新聞」の記事には，岐阜県可児市（現山県市）の小学生や碧南市の中学生からも感想が寄せられた。保護者の感想や他市の小中学生の手紙はプリントに印刷して子どもたちに配付した。

寄せられた保護者の声

○私は尾張に生まれ育ちましたが，小学生の時，安城が「日本デンマーク」と習ったことを覚えています。今回は子どもを通して，知らなかった安城を知ることができ興味深く読ませていただきました。子どもたちが調べに行った

A　管内農家数

JAあいち中央　管内農家数（平成12年）

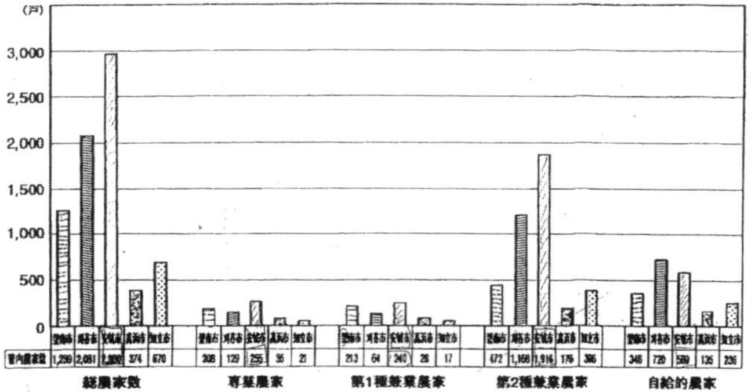

※「農家数」は10a以上の経営耕地面積で、それ以下でも年間15万円以上の農産物販売代金のある農家の数。
※「販売農家」（専業、第1種兼業、第2種兼業）と「自給的農家」
「販売農家」は、経営耕地面積30a以上で、それ以下でも年間農産物販売代金が50万円以上の農家をいい、それ以外を「自給的農家」という。

2000年農林業センサスより

B　農　業

4－1　専業兼業別農家数と農家人口

（各年2．1　農業センサス）

年次	農家数 総数	専業	兼業 第1種兼業	兼業 第2種兼業	農家世帯員数	農業就業人口 男	農業就業人口 女
	戸	戸	戸	戸	人	人	人
1970 昭和45年	6,600	537	2,278	3,785	33,248	2,928	7,142
1975 50	6,044	375	1,085	4,584	30,201	2,495	5,783
1980 55	5,532	349	590	4,593	27,719	2,135	4,897
1985 60	5,548	385	516	4,647	27,874	2,216	4,790
平成2年	3,967	330	378	3,259	20,570	2,041	3,925
7	3,219	279	384	2,556	16,524	1,856	3,018

安城の農家数について2つの資料を読みとりましょう。

○Aの資料で分かったこと

No.1、総農家と専業農家では総農家の方が多い。
No.2、総農家と専業農家どっち方とも、5つの市の中で安城が一番多い。
◎安城市は農業のさかんな地域と言えるのかな。

○Bの資料で分かったこと

No.1、農業をやっている人は、女の人が（全部）多い。だいたい半分ぐらい大い。
No.2、こまかく見ると、へったり、ふえたりしているけど、大きく見ると、じょじょにへっている。
No.3、1970年（昭45年）の時が、第2種以外は一番多い。
No.4、7年の時が第1種兼業以外は一番へっている。
No.5、総数は30年間に半分に（6600から3200に）
No.6、せんぎょうは30年間、半分
No.7、第一種は1/6にへっている。

自分の考えを書きましょう。　日本の農業はこれからどうなるのだろう。

もし、この田へっていってしまったら自分たちの食りょうがなくなってしまいます。そして、また、ゆにゅうもする。それでは、日本のブランドなんてゆめになってしまいます。総合で「ぼくらの食料をぼくらの手で」ということでやっています。そしてみんなが自分で作ってしまうと農家がもうからなくて、さらにへります。そして農家が日本からきえます。それでは日本がダメになってしまいます。もう一度、みんなで話しあった方がいいと思いました。

5年　3組　　名前

り，聞きに行ったり頑張った様子がよく伝わってきました。
農業の戸数が安城でも半分以下，農業が主の第一種兼業農家の数は９分の１にまでなってしまっていること，農業を続けることのむずかしさや大切さが改めて思い知らされました。また，一方で新しいものに取り組み特産品として頑張ってみえる方や，若くして父の仕事の手伝いを通して養豚の道を歩き始めている高校生もとてもたのもしく思いました。
子どもたちが足で話を聞きに行ったり，体験をしたり，それが新聞を通して形になり，子ども達には忘れられない授業の一つになったと思います。

（保護者の山田さん）

○まさか中日新聞の１ページを使ってあんなに立派なものとは思いもしませんでした。…安城に住んで13年ですが，子どもたちの記事から安城の農業の様子を学ばせていただきました。毎日の食卓はどうしても手抜きになりがちですが，時間があれば，子どもと材料選びや一緒に料理することをしていきたいと思います。（保護者の河合さん）

○各特派員の皆さんたちはすばらしくよく調べてあると感心いたしました。私たちが常日頃簡単に口している食物の裏にはいろいろな苦労や努力があったのだと改めて思い知らされました。専業農家や家を継いでいただける方が急速に減少しつつあることで輸入化も考えられますが，やはり国内産のものの方がたとえ価格が高くても安心できるのではないでしょうか。
アンケートに答えていただいた農林高校の生徒さんでさえ５分の１くらいの人しか農業の仕事にはつかれないのかと思い，先のことが少し心配になります…。（保護者の橋口さん）

送られてきた小中学生の感想の手紙

こんにちは。10月25日付け中日新聞に掲載されていた「いきいき新聞」の『頑張れ日本デンマーク』を読みました。今，農家の数が減っているということは，聞いていたけれど，三十年間で半分以下にまで減ってしまっていたなんて全然知りませんでした。私たちは社会の授業でちょうど「日本の農業と食糧問題」というところを勉強しました。みなさんの調べた通り，農家の人の数は減っています。そして日本はほとんど外国からの輸入にたよっています。だから，私は未来の日本の農業がどうなっていくのかとても不安でした。しかし，みなさんの書いた記事を読んでその不安が少しやわらぎました。これからも「日本デンマーク」の精神を大切にしてほしいです。（碧南市の中学生）
この新聞を見て，「日本デンマーク」と呼ばれた安城市の農業についてのことを知ることができました。イチジクが日本一ということを初めて知りました。…「ブタ屋目指し勉強中」という記事を読んでみて，蜂須賀さんは家がブタ屋で自分も継ごうと思ったところがすごいなと思いました。自分だったら絶対いやなのに…。「守ろう日本農業」という記事を読みました。この記事は安城市の日下さんの農業の様子や輸入についての意見が書いてありました。日下さんは「日本の農業を大切にしないと，外国が異常気象で農作物がとれなくなったら困るでしょう。」と言っていますが，僕もこの意見に賛成です。（略）

（碧南市の中学生）

そこで次には，「養豚家をめざす高校生」の記事を書いた一郎が，授業の中で，岐阜県可児市（現山県市）の小学生と携帯電話に簡易スピーカーをつけて記事について話し合う場面を設けた。「取材で苦労したこと」をたずねられ，一郎は「詳しく聞くために何回も農林高校に取材に行った」ことや「わかりやすくまとめるのに苦労した」ことなどを岐阜の小学生に説明した。このやりとりはスピーカーを通して流され，学級全員が聞くことができた。

他県の読者と自分の記事について話す一郎

記事を書いた子どもたちは，「記事が本物の新聞に載ったこともうれしいけど，記事の感想を言ってもらったり，感想の手紙を書いて送ってもらったことはもっとうれしい」と喜びを素直に表していた。トップ記事を書いた弓子と日下さんを取材した幸助は，感想のお礼に次のような手紙を書いた。

感想を寄せてくれた碧南市の中学生へのお礼の手紙

中学校のみなさんへ。こんにちは。みなさんが書かれた感想を読ませていただきました。私たちの記事を読まれて農業に関心を持っていただいて，とてもうれしく思います。農家の戸数が減っているのは安城市だけではなく，すべての人に農業はかかわっているということをできるだけ多くの人に分かってほしかったので，この感想を読み「書いてよかった」という気持ちになれました。はげましの言葉や応援の言葉も中にはありましたね。あの言葉にも感動しました。みなさんの期待にこたえるべく，これからも食と農を学んでいきます。

岐阜県の可児市の小学生へのお礼の手紙

ぼくたちの記事を読んで感想までくれてありがとう。5年生が書いた記事と思えない人もいると思いますが，新聞社で直された部分もあります。記事を書くのは大変でしたが，新聞にのるなら頑張ってやるぞと思って書きました。君たちもこういう機会があるといいね。

「新聞教育」にはさまざまな可能性があるが，このような双方向性のある学びや活動は「新聞教育」を語る上で多くの意義を含んでいると考える。

意義を2点にまとめると，「学びの共有」と「生きた言語力の育成」である。この実践では，学校での子どもたちの学びがそこだけにとどまらず，地域の保護者や県内外の読者にも広がり共感を得た。また保護者（読者）自身も，子どもたちが調べたり，取材したり，体験したりしたことから多くを学ぶことになった。「総合」と「新聞」が創り出したダイナミックな「学びの共有」である。また，「言語力」という観点からみたとき，単なる「技術」を超えたものが「総合」と「国語」「社会科」との「還流」の中で生まれた。筆者は，それを「生きた言語力」と呼びたい。

この新聞発行では，「言語力」にかかわるもう一つの実践を行った。それについてもふれておきたい。前述したように，トップ記事となった「農業戸数減少に歯止めを」では，資料の読み取りを学級全員で考える場を設け，そのまとめが記事の中核になった。

準トップ記事の「養豚家を目指す高校生」では，紙面化された記事と記事執筆者の一郎の原文とを比べる授業を展開した。一郎は農林高校には3回通って，高校生に話を聞き，それでも足りない部分は電話で再度取材し記事を書き上げたのだが，紙面に掲載されたときには，新聞社のデスクによってかなり手直しされていた。その違いを考えさせる授業である。

○本時の目標：新聞に掲載された記事と元の原稿を比べて，もとの原稿のよい点と直すべき点を理解することができる。

【授業の主な流れと子どもの反応】 ＊なお，この授業については正確な授業記録がないため，指導案と学習プリント，板書の記録で再現した。

①元の一郎の原稿（ア）と新聞に掲載された記事（イ）を学習プリントで読み比べる。
②「記事の内容で考えたこと」「記事の書き方（言葉の使い方，文の書き方）」で考えたことを学習プリントに書き込む。
③元（ア）の記事のよい点，直すべき点をグループ，学級全体で話し合う。
（出た主な意見）
・「ブタ屋目指し勉強中」という見出しが分かりやすい。読む気がおきる。
・一つ一つの文章が短くて分かりやすい。リズム感がある。段落も短い。
・元の文には質問内容が書いてあるが，掲載記事には書いてない。
・書き出しが違う。元とは逆にしてある。
・「聞いたこと」と感想，「聞いたこと」感想の順になっている。
④「読者の岐阜の小学生」と記事について電話で話す。（他の児童はスピーカーで聞いた。）
⑤自己評価をする。（記事のよい点を見つけたか。友達の意見を真剣に聞けたか。自分の意見や考えなどを進んで発表したか。）

「協同的な学び」「探究的な学び」とは，単に「総合」だけに求められる学びではない。「生きた言語力の育成」を図るには，社会科はむろんのこと，技術的・技能的な学習を担う部分が多い国語科でも「協同的」「探究的」学びを志向すべきであると考える。そのような観点から「新聞教育」の可能性は広がるだろう。

最後に，新聞社側へ教育界からの意見と要望を記したい。それは記事の書き方の問題である。資料2.6は一連の学習で用いた記事の一つである。これは良い例として出したものであるが，このような記事が当時非常に少なかった。つまり，子ども相手の記事だからということで，「内容」がいかにも子どもの関心を呼びそうな「ネタ」が多く，本当の意味で学習に適切な記事が少なかったのである。今日的話題を，子どもの理解レベルの表現で記事にすることは簡単なことではない。しかし，その後，各新聞社の記事の書き方には確実に変化が見られる。「読者が新聞を変える」というのはいろいろな意味を含むが，民主主義の担い手である新聞にはもっと声を上げていく必要がある[14]。

資料2.6　学習に適切な記事の一例

出所：『中日新聞』2001年６月17日付

⑧「本物体験」の価値を問う―２匹のブタ「トン吉・サクラ」を育てて―

「本物」の体験をした子どもたちに，その体験の意味を問うような場面を設けることによって，体験の価値が上がると考え実践の展開を図った。次の事例で見てみたい。

５年生の「総合」である「ぼくらの食糧を　ぼくらの手で」では，１学期は社会科の食糧生産の学習や家庭科の調理実習体験を生かして，身近な食糧や地域の農業について学習の展開を図ってきた。その中でも中心的な活動になったのは，ブタの飼育である。

安城市内の養豚家・加藤さんの協力もあって，子どもたちは生後40日前後の子ブタを夏休み直前から飼い始めた。子ブタは見る見る成長し，12月の出荷の時期が迫ってきた。ブタの世話をしているときには多くの子が，その独特な臭いと糞尿の始末の大変さに音をあげていたが，いざ出荷となると複雑な気持ちを抱く子どもが増えていった。

出荷され食肉になるという現実が実際に迫って，初めて子どもたちは生き物の命と自分たちの食べ物とが実感としてつながるようになってきた。

トン吉とサクラを世話する子どもたち

ブタの世話は思った以上に大変で，筆者も子どもと一緒に世話をしたが，その臭いは強烈であった。世話をしている最中は正直なところ，筆者もはやく出荷したいとさえ思った。子どもも大人と同じ感想をもっていると思った。しかし，子どもたちの思いはもっと多様であった。

どんどん大きくなるブタをどうするかという問題は，子どもたちにとって切実になった。子どもたちは全員飼育当番をしており，どの子も飼育の大変さを実感していたので，真剣に考えた。「こわい」とか「くさい」とか言っていた子どもたちであるが，１回目の話し合いでは「売る」「食べる」という意見に対しては拒否反応を示した。「続けて飼いたい」という意見が強くなったため，農林高校生のビデオを流し，「ブタに対するかわいいという思いはあるが，そんな気持ちは断ち切って出荷している」という内容の話を聞く機会をもった。しかし，「飼いたい」という子たちの考えは変わらなかった。

２回目の話し合いにおいては，最初に養豚家の話を聞いた。「ブタ供養というのがあるが，ブタが一番供養されるのは，おいしいといって残さず食べてもらえるようなお肉を私たち養豚家がつくること」という内容であった。養豚家の話を聞いたことで売るという意見の子が多数派になってきた。しかし，結論が出ないまま，養豚家との約束（出荷）の日がきてしまった。

トン吉とサクラの出荷をめぐって話し合いをした後に，弓子はブタの飼育体験を振り返って，次のように自分の気持ちや考えを書いた。

トン吉とサクラの飼育で考えたこと

トン吉とサクラの飼育をしてまず思ったのが，「くさい」ということでした。小屋に入るまで何かためらってしまいました。

いざ，小屋に入ると，トン吉とサクラが私の方によってきました。最初は，「きゃあ」と言って驚きました。でも，そのうちかわいく思えてきました。今考えると，私にかみつきもせず，慕ってくれていたのに，人間はそのブタを殺し，その肉を食べているなんてずるい感じがして，自分のことを少しいやだと思いました。ブタから見てもひきょうに見えると思います。うらぎりものみたいな気がして，悲しくなりました。

２回目の飼育の時，すごく大きくなったなと思いました。でも大きくなったということはお別れの時ももうすぐだという感じで，悲しくなって，少しどきっとしました。

私たちはトン吉とサクラにお別れをする日の直前に話し合いをしました。私はトン吉とサクラにお別れしたくなかったです。だから，最後に私の言いたいことをぞんぶんに言うことができました。

トン吉とサクラに自分たちのことを真剣に考えてくれていると言うことが分かったら，喜んでくれたと思います。

トン吉とサクラが出荷されていくとき，私が行ったころには，もうトン吉とサクラは荷台の上でした。その時，トン吉とサクラはいつもと同じ低い声で鳴いていました。「ブーブー」私たちのほうを見て，こう鳴いていました。訴えられているようで，ぐっとしました。だから，鼻をなでてやりました。かわいいと思って何度も鼻をなでてやると，気持ちも落ち着きました。最後まで愛されていてほしかったので，これからお世話になる加藤さんへのお手紙に，「死ぬ少し前までかわいがってやってください」と書きました。今まで食べられていたブタと，そのブタを育てていた養豚家の人たちの気持ちを，少し感じることができたと思います。

ブタの飼育体験は，ブタとの別れを経ることによって弓子のような新たな感慨を生み出した。

⑨「新聞記事」によって認識を深める
—飼育体験をもとに「食」と「命」を考える—

ブタを出荷して３日後，ブタの飼育体験をさらに深化させたいと考え，２つの新聞記事をもとに「ディベート型討論」の場面を設定することにした。

二つの新聞記事とは，教師と子どもが切り抜いた次のような記事である。

○　総合学習先取り「育てたニワトリ，殺して食べよう」
保護者が反対，中止に　　秋田の小学校　　児童は賛否両論
鶏を飼育した後，食肉として処分，その肉を子どもがカレーを作って食べる…目前にした12日，中止になった。　　（『朝日小学生新聞』2001年11月13日付）
○　生と死　どう考える　　ニワトリ殺して食べる　教師の卵たちが挑戦
金沢大学で「教育」を学ぶ学生たちが，ある実習に臨んだ。「ニワトリを殺して食べる」。
腰を引きそうなテーマにあえて取り組んだ教師の卵たちは，自らの行為から生と死に思いをめぐらせた。　　（『中日新聞』2001年11月14日付）

筆者は，このディベート型討論をするに当たって次の点に留意した。

①自分たちの体験（今回でいえばブタの飼育体験）が生きるか。

②資料として用いる新聞記事がタイムリーで子どもの興味・関心を呼ぶか。

③賛否両方の立場の考えを十分理解できるか（新聞記事の内容が小学生に理解可能か）。

④ディベートをする前に準備の時間をとったか。

第1の記事（資料2.7）を読んで，感想を書く時間をとった。弓子は感想欄に，次のように「ニワトリを解体する」という試みにはっきり反対する自分の考えを書いた。

ディベート前の弓子の感想～第1の記事を読んで～

目の前で解体するのは，おかしいと思う。保護者が「自分の子どものころさばいて食べるのはふつうだった」と言っていますが，子どものころにやるようなことではないし，「ニワトリがじたばたしておもしろい」とか，「もっとやりたい」とか，そんな残酷な気持ちが育つだけで，子どもがそこから命が大切ということを真剣に考える子はごく一部なのではないか。こわいという恐怖心をだいて生き物の調理ができなくなるかもしれないのではないか。そんな心配もあり，むりやり殺す所を目の前で見せられても，「いやだ」「見たくない」という子がいてもおかしくない。それは子どもだから。

そして，今一番私が言いたいのは逆効果になる可能性もあるわけだということです。

資料2.7　活用した第1の記事

新聞切り抜きカード　　　月　　日

名　前

①この記事を読んで，分かったことは何ですか。箇条書きにまとめましょう。

②記事を読んで，考えたこと，思ったことを書きましょう。

総合学習先取り「育てたニワトリ、殺して食べよう」

保護者が反対、中止に

秋田の小学校　児童は賛否両論

鶏を飼育したあと、食肉として処分、その肉で子どもがカレーを作って食べる——。秋田県雄物川町の雄物川北小学校で5年生のクラスが、こんな授業を進めた。「残酷だ」と保護者から反対の声があがり、解体、調理を目前にした12日、中止になった。「食と命の尊さを教えたかった」と担任。地元では、子どもたちも含め賛否両論がある。

同校によると、担任の女性教諭(33)は6月、食用鶏の「比内鶏」6羽を近くの県立農業高校からもらった。子どもには当初から飼育し、解体して食べることを説明。保護者にも趣旨を伝えた。

来春からの新学習指導要領で導入される「総合的な学習の時間」（総合学習）を先取りして取り組んだという。この学習は「自ら学び、考え、主体的に判断する」力を養うのが目的。テーマ選びは学校側に任されている。

子どもたちは、校内で飼育。1羽が死んだが、5羽は成長した。13日には農業高校で、子どもの目前で解体処理し、学校に持ち帰ってカレーとして調理、昼食として、児童たちが食べる手はずになっていた。

ところが、直前になって一部の保護者から、批判的な声が県南教育事務所などに匿名で届いた。それを受け、町教育委員会もストップをかけた。

中止について同小の塩田紀子校長は「いいチャレンジだったと思う」と話した。担任は「2週間ほど前に、改めて父母に対して意見を求めた。反対なら声を出してもらって一緒に考えたかった」と残念がる。

ある保護者は「愛情ある命を絶ち、食することは、手段が間違っている」と批判。別の保護者は「自分が子どものころは、さばいて食べるのは普通だった。一つの勉強ではないか」と語る。

学級通信の子どもたちの声

担任は事前に児童たちに意見を聴き、学級通信で紹介した。賛否は分かれていた。

●かわいそうだけど、最初から食べるために飼ったニワトリなので食べる。一生懸命育てたから食べる。

●生き物にはかわそうだけど、生きるために必要。育てて食べるのは欠かせない。

●人間は生きていくには、別の生き物を食べなくては生きていけない。

●スーパーの肉なら食べられる。自分たちで育てた鶏はちょっと、かわいそう。

●夏休みも世話をして、毎日エサをやってがんばったのに殺すなんて。

●メスだけ残すといいと思う。殺すところは見たくない。

教師の意図分かる

日本子どもを守る会名誉会長の大田堯さんの話　今の子どもたちは、自然の中で生命を実体験できる機会に恵まれていない。だから、教師が命をリアルに体験してもらおうとこの授業を考えた意図は理解できる。ただ、高度成長期に育った親の世代も自然とのふれ合い経験が乏しく、周囲のショックは大きいだろう。

教育効果ない

黒丸正四郎・神戸大学名誉教授（精神医学）の話　鶏を殺す場面を見ても楽しい、平気だと思う子どももまれにいて、残虐性を増長させる可能性もある。人格形成への影響を考えると、とても教育的効果があるとは思えない。「命の大切さ」を感じさせるという考え方には、飛躍があるのではないか。

③あなたは「食べるのは賛成・反対どっちですか？」　（賛成・反対）

感　想　目前で解体するのはおかしいと思う。保護者の「自分が子供のころ、さばいてたべるのはふつうだった」と言っていますが、子供のころにやるような事ではないし、「ニワトリがじたばたしておもしろい」とか「もっとやりたい」とかそんな残酷な気持ちが育つだけで、子供がそこから命が大切という事を真剣に考える子はごく一部なのではないか。こわいというきょうふ心をいだいて生き物の調理ができなくなるかもしれないのではないか。そんな心配もあり、むりやり殺す所を目の前で見せられても「いやだ」「見たくない」という子がいてもおかしくない。それは子供だから。そして今一番私が言いたいのは逆効果になる可能性もあるわけだという事。

出所：『朝日新聞』2001年11月14日付より作成

第2の記事について，弓子は次のように自分の感想を書いた（注：この感想には，東京の小学校でブタの肉や内臓をソーセージなどにしているビデオを見た感想も含まれている）。

資料2.8　活用した第2の記事

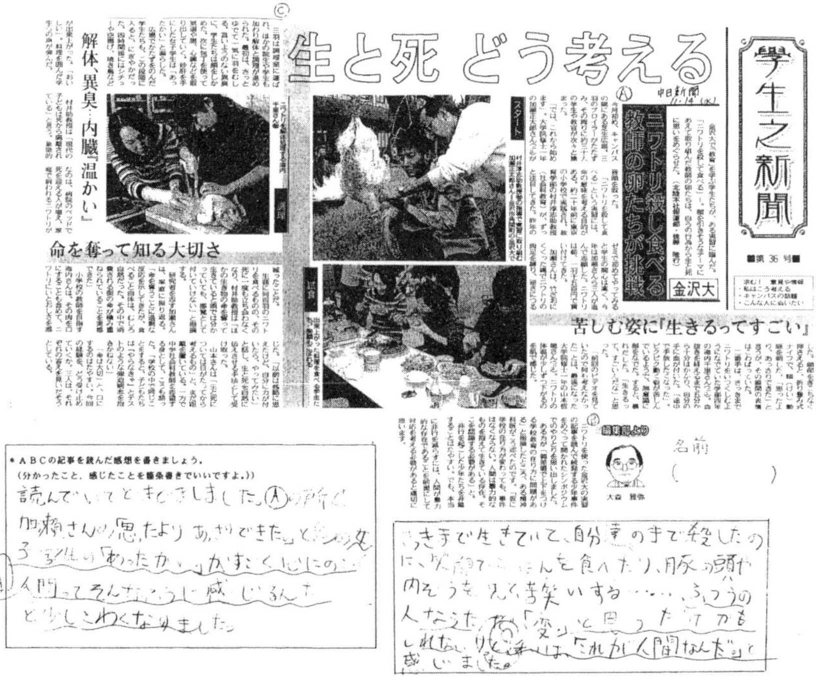

學生之新聞
第 36 号
求む！ 意見や情報
・私はこう考える
・キャンパスの話題
・こんな人に会いたい
中日新聞 11.14（水）
生と死 どう考える
ニワトリ殺し食べる 教師の卵たちが挑戦
金沢大
スタート
調理
試食
苦しむ姿に「生きるってすごい」
解体、異臭…内臓「温かい」
命を奪って知る大切さ
編集部より
大森 雅弥
名前
（　　　　　　）
＊ＡＢＣの記事を読んだ感想を書きましょう。
（分かったこと，感じたことを箇条書きでいいですよ。））

出所：『中日新聞』2001年11月14日付より作成

ディベート前の弓子の感想～第2の記事を読んで～

読んでいてどきどきしました。Ａの記事の所で，加瀬さんの「思ったより，あっさりできた。」とＣの記事の所で「あったかい。」がすごく心に残って，人間ってそんなふうに感じるんだと少しこわくなりました。

さっきまで生きていて，自分たちの手で殺したのに，笑顔でごはんを食べたり，ブタの頭や内臓を見て苦笑いする…，ふつうの人なら，ただ「変」と思うだけかもしれないけど，私は「これが人間なんだ。」と感じました。

二つの記事をしっかり読んで感想を書いた後，ディベートに入った。今回のディベート型討論，『人間は生き物を食べて生きているということを学ぶために，ニワトリを解体して食べるという試みをすべきである。』という論題のもと，学級を機械的に二つの立場に分けて行った。

この論題に対して，本来は「反対」の立場である弓子が，ディベート型討論では「賛成」の立場になってしまった。

以下は，実際の授業の記録である（この授業は２時間にわたって行われた）。

【授業記録】

Ｔ	：『人間は生き物を食べて生きているということを学ぶために，ニワトリを解体して食べるという試みをすべきである。』という論題に対して賛成，反対の両方の立場から意見を発表してください。
かず	：残酷だという意見がありますが，殺して食べるというインパクトがあるからこそ，この大事さが伝わると思います。
くみ	：命の大切さを知るとてもいい勉強になると思います。
なみ	：殺すのではなく，育てるということで命の大切さを学ぶべきだと思います。
弓子	：育てるということは，死ぬまで育てるということですか。
なみ	：死ぬまででなくても，できる限りということです。
あんな	：残酷とかひどいという人もいるけど，自分たちは食べているし，食べていかなければ生きていけない。命をもらっている。ありがたみをもって食べることが大事だと思います。
くみ	：頭ではわかっていることでも，感覚ではついていっていないので，殺して食べるということで初めて本当にわかると思います。
かなこ	：目の前で殺さなくてもいいと思います。
かず	：殺せばいいというものではなくて，ありがたみをもって食べるということです。
あい	：私も鶏肉食べるけど，目の前はいや。
くみ	：昔は当たり前のことだったと思います。
つかさ	：そういう仕事とかをやっている人に任せればいい。
Ｔ	：自分ではいやだということだね。
かず	：殺す人がいなければ食べれないわけで，目の前で見て，やって学ぶのが大事だと思います。
かなこ	：そういう仕事をやりたい人がやればいいと思います。
あんな	：目の前でやるから意味がある。人がやるんだったら，意味がない。目の前でやるから意味があると思います。
Ｔ	：他の人にやってもらったら大事なことがわからないということですね。
かな	：一生懸命育てたのを食べるのは残酷。

弓子　：大切に育てたからこそ，食べる。思いを込めて食べてあげる。育ててくれた人のおなかに入るのも幸せじゃないかな。

(略)

あい　：さっきの弓子さんの言ったことですけど，ただ目の前で殺すのは私はいやです。

T　：「いやだからやりたくない」ということですか。

さとし　：やる人がいなければ，食べられないと思います。

T　：いろいろ出てきたから，ちょっと整理しますよ。この論題に賛成する側の意見は「①殺して食べるというインパクトがあるから，このことで命の大切さや食べて生きているということがわかる」「②頭でわかっていることでも，体験を通して初めてわかる」

あい　：先生，何がわかるんですか。

T　：生き物を食べて生きているということは，頭ではわかっているけれど，殺して食べるから実感としてわかるということですね。命をもらっているということが。反対意見は，「①育てることで命の大切さを学ぶ方がいい」「②一生懸命育てたものを食べるのは残酷」ということですね。

あんな　：みんな，残酷・残酷って言うけど，気持ち悪いと思っているから大切だと思っているからありがたみをもって食べる方がニワトリにもいいし，命の大切さがわかると思う。スーパーのパックではありがたみはわからない。

(略)

T　：みんなのやりとりを聴いてみて今，二つの試みをどう思いますか。立場を離れて本当の自分の考えを言ってください。

かず　：賛成です。自分のためにもなると思います。知るチャンスは滅多にないと思います。

あんな　：このことによって，命の大切がより良くわかるから賛成です。

ゆうき　：賛成です。こういうチャンスは滅多にないから命の大切さがよく分かると思います。

くみ　：このことで，加藤さんが言っていたようにブタの供養になると言っていたけど，ありがたみをもって食べるようになると思います。

弓子　：反対です。ニワトリがじたばたして，面白いとか，怖い怖いとか，そんな残酷とかいう気持ちばかりで，そんなこと（ありがたみ）を考える子どもが少ないと思うので反対です。命が大切だからこそ，私は殺したくないです。

あんな　：今は残酷だと言ってる人が多いけど，こういうことで心を入れ替えたら，いいことになる。

弓子　　：こういうチャンスがないと言ってるけど，チャンスがないとやるんですか。
C　　　：チャンスというのは，鳥の命を使って学習するチャンスはめったにないという意味です。
いちろう：じゃなくて，どうして命を奪って食べているのかを考えた方がいいと思います。
としひろ：賛成です。生きるためには仕方がないです。（略）

弓子は，ディベート型討論を終えて次のような感想を書いた。

「食」と「生き物」と「命」

今日で，トン吉とサクラとお別れして，ちょうど1週間たちました。初めての飼育の時はくさいと思いました。けれど，人なつっこくかわいいトン吉とサクラを私は好きになることができました。トン吉とサクラはかわいがっていたから，出荷するとき，悲しくなり，私は自分をずるいと思いました。

そして，その後私は「生き物を食べて生きているということを学ぶために，ニワトリを解体して食べるべきである」という論題でディベート風に立場を決めて話し合いをしました。自分は「反対」だったのに，「賛成」という立場になりました。そこで，私は「大切に育てたから食べる。思いを込めて食べてあげる」という意見を出しました。その言葉は自分自身に言い聞かせているようで，私の心がずきりとしました。そうなのかもしれない，そうなのかもしれない…。自分は自分にずきりとして，気持ちが揺れ動きました。そこで私は考えました。「食」と「生き物」と「命」はどうなっていけばいいのか，どうすれば良くなるのか。

考えた末，最後に私が出した結論は，命は本当に大切。人の命も，動物の命も。その動物の出荷まで，人は動物の命を大切にする。出荷されたら，動物は人に食べられ，役に立つ。そして，人はそれを感謝して食べる。そうやって，「食」と「生き物」と「命」は成り立っていけば良いのではないでしょうか。

生きていくためには，ぎせいにしなければならないもの。それとうまく関係をとって人は生きていって欲しいです。

この感想を読むと，「賛成・反対」二つの考えの間で「気持ちが揺れ動き」ながら，自分の考えを深めていったのがよくわかる。

当初，弓子は「ニワトリを解体する試みに反対」の立場であった。しかし「賛成の立場」になった弓子は，「大切に育てたからこそ，食べる。思いを込めて食べてあげる。育ててくれた人のおなかに入るのも幸せじゃないかな」と，本来の自分の考えとは異なる「解体授業に賛成」の立場で考え，理由を述べた。

そして，授業の終盤で本当の自分の考えを発表するときには，「反対です。ニワトリがじたばたして，面白いとか，怖い怖いとか，　そんな残酷とかいう気持ちばかりで，そんなこと（ありがたみ）を考える子どもが少ないと思うので反対です。命が大切だからこそ，私は殺したくないです」と，自分の反対理由を力説した。

「ニワトリを解体する試み」を考えるなかで，弓子は賛成・反対の立場を超え，「食」と「生き物」と「命」の関係にまで考えを深めていった。「トン吉・サクラ」を飼育し，出荷するときには「私は自分のことをずるい」と見つめていた弓子が，このディベート型討論を経て，「生きていくためにはぎせいにしなければならないもの。それとうまく関係をとって人は生きていって欲しいです」と書いた。筆者は，「トン吉・サクラ」の飼育体験や話し合いを通して，真剣に考え抜いた弓子の姿を見た思いがした。

（3）新聞が創り出す「地域市民」の「学びの共同体」

①「探究的な学びが「社会認識」を深める[15)]

「社会認識」について詳細に論究することは筆者の力量を超えるので，ここでは岩田一彦の「社会認識」についての説明をもとに，今回の実践を総括したい。

岩田は，「社会認識」という言葉には「社会を知る働きとその結果としての知識の２側面が含まれている」という。また，「社会科では…社会の主要な機能に焦点を当て，それを社会認識内容とする考えをとってきた」が，「もう一つの社会認識の方法では問題発見，仮説，検証といった探究的方法が中心になっている」から『学び方を学ぶ』ことが重視されてきている」「新学習指導要領（筆者注：1998年版）…はこの社会認識の方法を積極的に学ばせようと意図した」と説明する。

この「方法」重視派の代表が，「総合的な学習の時間」の創設を提言し「『内容知』から『方法知』への転換が，一つの大きな課題である」[16]という考えを主張した児島邦宏である。筆者が実践の拠り所にした佐藤学は，筆者が知る限りこの児島説には直接言及していないが，佐藤の考えは「内容知」「方法知」のバランス論に立った「社会認識」であり，児島の考えとは異なると考える。

筆者は「新聞教育」という「方法」を核としながらも，本実践では学習内容として「食・命・農」を始め今日的課題を重視した。つまりは，「バランス論」に立った実践である。

つぎに，その中で子どもたちの「社会認識」はどのように変容したか見る。本実践で大きな役割を果たした要素をあげるとすれば「取材活動」「飼育体験」「言語活動」の三つだと考える。

まず「取材活動」における抽出児・弓子の変容を整理・分析してみる。

① 1回目は，自分の家の近くにある農家や食に関するお店の取材を行った。事前にあいさつや言葉遣いなどのマナーを確認し，取材相手に合わせた質問内容を考えて取材に臨んだ。しかし第1回目の取材は時間も短く，質問も表面的なものに終わっている。学習のレベルにまだ深まりはない。予約なしで取材に入った店では取材拒否にあいながらも，初めての取材で楽しさを感じることができた。

② 2回目の取材は，1回目に比べると，「疑問」や「なぜ」「どうして」という言葉がさかんに使われるようになった。問題意識が高まってきたからであろう。しかし弓子は，その場ですぐ質問するのはちゅうちょしてしまった。質問した友だちの言葉が印象に残ったのは，自分が質問できなかったからと思われる。1回，2回と取材経験を積み重ねながら「取材の仕方」の基礎を学んだ。

③ 3回目の取材の前に「二つのモデル記事をもとに，取材の仕方や記事の書き方について」学び，本物の記者から助言を受けた。その結果，「たくさん観察すること」「相手の話をしっかり聞くこと」「自分や友だちのわからないことをはっきりさせること」の大切さを自覚した。

④　さらに3回目の取材の前に，新聞記事をもとに「アイガモ農家」への質問内容を考えた。個人そしてグループ・学級全体という「協同学習」を経て五つの質問内容のレベルをあげることができた。

⑤　取材後，上記五つの質問の答えを含めて記事にまとめ，最後を次の文章でまとめた。「こんなにすばらしいアイガモ農法をしている近藤さんの後継者はまだわかりません。『子どもがあとをつぐかどうかは子どもにまかせる。でも私はトラクターに乗る人だけが農民とは思っていない。農業を指導するのも農民』と農業をあつく語ってくれました。この話を聴いて，農業を真剣に考えてくれている人がいるのはとてもうれしいと思いました」。「農民」という言葉に込められたイメージや意味を豊かにし，社会科の農業の学習で獲得した認識を深めた。

⑥　『中日新聞』の記事を書くために，「JA あいち中央」から取り寄せた資料「安城市の農業の変化」を学級全員で読み取る学習を行った。30年間の「専業・兼業農家数の変化」をグラフから読み取り，問題点を考えまとめた。記者の弓子は，そこで出た重要ポイントを押さえてトップ記事に仕上げた。また，同記事には他のグループが考え実施した地元安城農林高等学校の生徒へのアンケート（農業の仕事につくかなど）結果や JA あいち中央職員へのインタビューなども付け加えた。多面的・多角的な見方・考え方を獲得し，農業への期待感を強くした。

以上見てきたように，取材活動が弓子の「農業」への「社会認識」を大きく変えてきたことがわかる。またその過程において，「協同的な学び」を取り入れたことで，「学びの質」が上がった。

学習の過程においては「方法知」「内容知」のバランスが時にどちらかに傾くことは現実には起こりうる。しかし，全体としてみたとき，そのバランスは欠かせない学習要件であると筆者は考える。そういう意味で，弓子の変容は筆者の期待に沿うものであり，また期待以上の変化を見せたといえる。

「取材活動」について，もう一つふれておきたい。それは，取材活動が「マニュアル化・モデル化」できるかどうかの問題である。本物の記者は，取材の

「マニュアル書」をもっているわけではない。では，小中学生の記者もいらないかとなるとそうではない。

小中学生などは，ある程度「マニュアル書」「手引き」などが必要になってくる。「あいさつ・言葉遣い」などのマナーから始まって，「５Ｗ１Ｈの確認」「事前質問の整理」「メモの取り方」「メモの整理」「わかりやすい文の書き方」「写真の撮り方」などを実際に手引書にする場合もあるし，必要な子もいる。しかし，学習を積み重ねていけば必要でなくなる時期がくる。また，そうした学びを創り出すのが教師の役目であることを自覚したい。では，取材活動に子どもが臨むとき，最低限教師の側にどのような指導の押さえが必要か。今までの筆者の指導体験と取材体験を体系化した『ルポルタージュの方法』[17]から引用・整理する。

【指導する側が押さえたいこと】

①予備知識の仕込み

これは取材する対象（人・こと・もの）についての下調べである。本実践では関連の新聞記事を読んだり，関連教科の学習をしたり，他のメディアで調べたりすることを指す。

②取材方針・質問事項の整理

小中学生では何のためにいくのか，まずねらいをしっかり押さえる必要がある。そうした上で質問事項を整理する。これをおろそかにすると枝葉末節な質問になる。名前など５Ｗ１Ｈの確認は徹底する。

③持ち物の準備

デジカメ，メモ帳，テープレコーダー，探検ボードなど確認する。

④取材対象との交渉

これは事前に教師が取材相手に，今回の学習目的を説明することにあたる。

⑤話の聞き方・記録の取り方

記録するものはなるべくゆとりのあるノート・カードなどを選び，後で，友達のメモから参考になる事項を書き込めるようにする。

その場の様子については，言葉で絵画的に再現できるようメモする。あらかじめ考えた質問でなくても，その場で分からないことがでたら聞き返す。

⑥礼儀・マナー

⑦言葉使いやあいさつは無論のこと，でき上がった新聞記事などはお礼として渡す。

②「新聞」が育てる「地域市民」

ここでは，「新聞」「言語力」「地域市民」をキーワードにして総括したい。

「いきいき新聞」という形で新聞社の協力を得て，子どもたちの学びを公のものにし，地域は言うに及ばず，広く社会に発信したことで「学びの共同体」の芽をつくった。それは，本当に小さな芽かもしれない。しかし，小さいが大きな可能性をもった芽である。

「…小学生の時，安城が「日本デンマーク」と習ったことを覚えています。今回は子どもを通して，知らなかった安城を知ることができ興味深く読ませていただきました…農業の戸数が安城でも半分以下，農業が主の第一種兼業農家の数は9分の1にまでなってしまっていること，農業を続けることのむずかしさや大切さが改めて思い知らされました。また，一方で新しいものに取り組み特産品として頑張ってみえる方や，若くして父の仕事の手伝いを通して養豚の道を歩き始めている高校生もとてもたのもしく思いました。」（保護者）

「…私たちが常日頃簡単に口している食物の裏にはいろいろな苦労や努力があったのだと改めて思い知らされました。専業農家や家を継いでいただける方が急速に減少しつつあることで輸入化も考えられますが，やはり国内産のものの方がたとえ価格が高くても安心できるのではないでしょうか。」（保護者）

ここに書かれた保護者の感想には，子どもたちの学びの成果を本当にていねいに読み，一緒に考え抜いた大人の学びがある。「新聞」は，子どもと大人が共に学ぶ「広場」になった。

「新聞」は言語によって時に子ども同士，大人同士，時に子どもと大人をつなぎ合う「広場」になる。そのためには，「新聞」を教育に活用するときには，読者を相手に書くという自覚を子どもにもたせ，言語力を磨いていかなければならない。そして「発信者」「読者」が常に入れ替わるという学びの形を創ることが必要である。このような双方向の学びが子どもたちの学習意欲を喚起し，鼓舞する役目を果たす。

「…この記事は安城市の日下さんの農業の様子や輸入についての意見が書いてありました。日下さんは『日本の農業を大切にしないと，外国が異常気象で農作物がとれなくなったら困るでしょう。』」と言っていますが，僕もこの意見に賛成です。(略)」
(碧南市の中学生読者)

「…農家の戸数が減っているのは安城市だけではなく，すべての人に農業はかかわっているということをできるだけ多くの人に分かってほしかったので，この感想を読み「書いてよかった」という気持ちになれました。はげましの言葉や応援の言葉も中にはありましたね。あの言葉にも感動しました。みなさんの期待にこたえるべく，これからも食と農を学んでいきます。
(トップ記事を書いた弓子)

この地域学習を通して，子どもも大人も農業という視点から「ふるさと」を見つめ直し再発見した。そして「地域市民」の一員としての自覚を高めていった。

「新聞教育」の意義は，筆者の予想を超えて広がりを見せた。磨かれた子どもの感性や思考は大人を揺すぶるものになることをこの実践を通して実感することができた。

③「協同的な学び」を作る「ディベート型討論」「話し合い」

弓子の変容を見るとき，単元の終盤で行った「ディベート型討論」を見逃すわけにいかない。ブタを出荷して３日後，ブタの飼育体験をさらに深化させたいと考え，筆者は二つの新聞記事をもとに「ディベート型討論」を行った。「ディベート型」といったように完全な「ディベート」ではない。「ディベート」は立場をはっきりし，ルールに基づき優劣を決めることになっている。社会科に限らず，新たな可能性を開くものである。しかし運用を誤ると「協同的な学び」を阻害するおそれもある。ここではディベートの弊害を少なくし，話し合いの内容を深めるためにあえて「ディベート型討論」にした。ところで，「追究の鬼」有田和正は，「話し合いの三条件」[18)]を次のようにいう。

①話題（話し合わなければならない問題といってもよい）

②話題についてズレがある

③共通基盤がある

一方，前述したように，筆者は今回の「ディベート型討論」で次の４点を配慮事項とした。

①自分たちの体験（今回でいえばブタの飼育体験）が生きるか。

②資料として用いる新聞記事がタイムリーで子どもの興味・関心を呼ぶか。

③賛否両方の立場の考えを十分理解できるか（新聞記事の内容が小学生に理解可能か）。

④ディベートをする前に準備の時間をとったか。

有田の指摘におおむね重なっており，問題は特にないと考える。さて，子どもたちの「ディベート型討論」であるが，かなり白熱したものになり，２時間を要した。「話し合い」についての有田の２点目の指摘は「活発さだけではダメ」である。この観点から授業記録を読み返すと，意見が堂々巡りになり，揚げ足取りになっている場面も見受けられる。一部の子の意見のやりとりになり，傍観者になっている子も現れた。しかし，総体的には話し合いは深まりを見せた。

授業後の弓子の考えを再度記す。

…考えた末，最後に私が出した結論は，命は本当に大切。人の命も，動物の命も。その動物の出荷まで，人は動物の命を大切にする。出荷されたら，動物は人に食べられ，役に立つ。そして，人はそれを感謝して食べる。そうやって，「食」と「生き物」と「命」は成り立っていけば良いのではないでしょうか。

生きていくためには，ぎせいにしなければならないもの。それとうまく関係をとって人は生きていって欲しいです。

「食」と「農」に関する取材体験やブタの飼育体験，養豚家や農林高校生らの本物の声を聞くことによって，自分自身の認識を深めてきた弓子であったが，単元終盤の「ディベート型討論」を経て「食」と「農」そして「命」の連環にまで思いをめぐらせた。小学校５年生とは思えない深い洞察であると筆者は感じた。「協同的な学び」とは，単なる話し合いだけを指すのではない。「総合」であればこそ，「生き方」をも問う「協同的な学び」を成立させたいと切に願う。

（※本章は舩尾・市川編『学びを支える』[19]で報告した内容を大幅に加筆修正した。）

注

1）岩田一彦・米田豊編著『「言語力」をつける社会科授業モデル』明治図書，2008年，p. 8。

2）同上，p. 9。

3）寺本潔編著『言語力が育つ社会科授業』教育出版，2009年，p. 2－4。

4）『小学校学習指導要領解説　総合的な学習の時間編』 第４章第２節「内容の取扱いについての配慮事項」東洋館出版社，2008年，p. 33－35。

5）『共生の教育の創造』安城市立作野小学校研究紀要，2001年。筆者は同校で1994年から2001年まで研究主任を務め，同僚と共に「総合的な学習」の理論化・実践化に努めた。

6）丸木政臣・行田稔彦編『和光小学校の総合学習の授業』民衆社，1990年。同書 p. 225で「還流」という言葉について行田は次のように述べる。「…教科学習で培った認識を基礎に，より現実的な課題へと迫るのである。…一方その逆もある。総合学習で得た問題意識が系統的な教科学習への本格的な意欲につながるのである。…私たちは，こうした教科学習と総合学習の還流を大事にしている」。

7）2011年版国語教科書では，次のような「新聞作り」単元がある。４年下「みんなで新聞を作ろう」（東京書籍），４年上「新聞を作ろう」（光村図書），４年上「学級新聞を作ろう」（教育出版），５年「グループ新聞」（三省堂）など（中日新聞 NIE 事務局調査資料，2010年）。

8）川本公子記者は記者歴20年以上のベテラン記者で，海外の取材体験なども豊富である。中日新聞社の NIE 事務局に依頼すれば記者派遣をしてもらうことができる。この授業では事前に川本記者と打ち合わせをし，子どもの質問以外にインドの小学校を取材した経験などを話していただいた。

9）「新聞週間特集～新聞通じ学ぶ現実～」『毎日新聞』1997年10月15日付。斎藤は，NIE 座談会（河野重男＝当時の中央教育審議会委員等参加）において「…生活が空疎化し…そこに膨大な量の情報が襲っている。教科書を横に置いといて，新聞が教科書になってしまうと子どもたちは単なる情報の受け手になってしまう。…新聞を通して現実に踏み込むことができれば，新聞と教育の新しい関係性ができる。それには，読み手から作り手へ，生徒を前進させることも必要だと思う」と述べている。

10）大木薫「戦後の新聞教育と NIE 未来論」『新聞と教育』東京社，1987年，p. 9。

11）原田紀保は「愛知新聞教育協議会」初代会長で，中日新聞社の元 NIE コーディネーター。教育現場と新聞社が協力体制をつくるには，「新聞」と「教育」のどちらにも精通した教育関係者が欠かせない。現在は，「コーディネーター」「アドバイザー」の名前で各社そうした人材を置くところが増えた。

12）小松恒夫『教科書を子どもが創る小学校』新潮社，1982年。同書で紹介された伊那小学校は，明治5（1872）年創立の，140年近い伝統をもつ学校である。そして，同校における総合学習・総合活動への取り組みは，1970年代後半に始まる。1977年，1年の2学級が選ばれ，教科書にも時間割にもとらわれない学習を試行した。翌1978年，低学年の教科別授業を廃止し，「総合学習」を実施した。以来20年以上，実践が継続された。

13）「いきいき新聞」『中日新聞』2001年10月25日付。

14）筆者は2009年12月25日，名古屋において中日新聞社の編集局幹部（数名）との懇談の場で，「NIE」といいながら，新聞社側の努力不足があることを率直に指摘した。新聞社側は「難しい問題を平易に書くことの難しさ」を語りつつ，「NIE への新聞側の理解不足」を率直に表明した。「新聞教育」においては今後も「教育現場」と「新聞側」との研究・討議が必要であろう。そういう意味では，柳澤伸司がいうように「NIE 学会」がもっと有効活用されなければならない。

15）森分孝治・片上宗二編『社会科　重要単語300の基礎知識』明治図書，2005年。

16）児島邦宏『教育の流れを変える総合的学習』ぎょうせい，1998年。児島の説に対して文芸研の西郷竹彦は『文芸研の総合学習』（黎明書房，2000年，p. 96－113）で「認識方法と認識内容は表裏一体のものであり，きりはなしえない」「（教科と「総合」を対立的にとらえる児島説を）両者（教科学習と「総合」）はむしろ両立する」と批判している。

17）本多勝一『ルポルタージュの方法』すずさわ書店，1980年。本多は『カナダ・エスキモー』や『戦場の村』など数多くの名ルポを新聞紙上に発表した。同書の中で「（取材の方法は）良いところは大いに盗んだらいい。…結局は努力と案外平凡な思いつきの積み重ね…だからこそ，私たちも学ぶことのできる技術といえる」と述べる。

18）有田和正「形式的な『話合い』が多すぎる～話合い・討論—授業に役立つ入れ方35選～」『社会科教育』7月号 No. 490，明治図書，2000年。

19）船尾日出志・市川正孝編『学びを支える　安城作野小学校の実践』学文社，2002年。

新聞教育の方法Ⅰ

実際の指導を通して確認した指導方法を以下に記す。章によって重複するものもあるが，この中から選んで活用したい。「新聞教育に関わる方法」を中心にしたが，「総合」「関連教科」において重要だと考えられる方法も記した。

方法１：地域の個別的な事例を扱うことで，普遍的な問題を考える。

方法２：例えば社会科で，いわゆる「言語力」を育成したり，「言語活動の充実」を図ったりするために特別のことが必要かというと，そうではなく，社会科らしい本来の授業をする。

方法３：取材など時間を割いて，本物体験を子どもに保障する。

方法４：体験と学習のバランスをとるために，教科学習と「総合」とをきちんと連携する。配当時間と指導順序を工夫する。

方法５：新聞切り抜き活動を行うときは，参観授業や学級通信で「新聞」にかかわることを取り上げ，保護者の協力を得られるようにする。

方法６：新聞切り抜きは，初期には子どもが興味・関心をもつ記事を自由に切り抜きさせる。一方で，指導意図をもって「テーマ（課題）」を示し，関連記事の切り抜きに取り組ませる。

方法７：新聞切り抜きカードを活用し，継続して取り組むようにし，袋つきファイルに保存させる。

方法８：１年間に取材体験は少なくとも２回行わせ，１回目の反省を生かせるようにする。

方法９：２回目の取材の前に，本物の記者の話を聞く場を設け，子どもたちの取材へのモチベーションを高め，ワザを具体的に聞くとともに，記者の仕事（新聞）に関心をもたせる。

方法10：実際に子どもが書いたモデル記事を読み，良い点・改善すべき点を具体的・個別的に考える場をもつ。

方法11：（実際の）新聞記事を読ませ，関係する取材対象を選び，実際に取材させる（直接取材が難しい場合は教室から携帯で電話取材などをさせる）。

方法12：実際に体験したことを具体的に記事（文章）に書かせる。

方法13：少人数の話し合いの場をもつ。そのときには司会者役の子どもを育てる。

方法14：司会者役の子を育てるために，司会の手引きなどを活用する。

方法15：新聞社とさまざまな協力関係をつくり，記者派遣などをしてもらう。

方法16：新聞形式にまとめたら，そのままにせず，読者（同級生・保護者・教師・異学年の子など）の声を意識的に集め，記者（＝記事を書いた子ども）に反響を返す。

方法17：統計資料などを学級全体で読み解いた後に，そのまとめを文章化させる。

方法18：通常の新聞記事で学習に役立った記事や良い記事を書いた記者に手紙やメールなどを送り，励ます。逆にわかりにくい記事については注文を出す。

方法19：一般紙に投稿などさまざまな形で子どもが書いた記事（文章）が掲載されるよう支援する。

方法20：取材の仕方をマニュアル化することは難しいが，次の点は指導する側が押さえておく。①予備知識の仕込み，②取材方針・質問事項の整理，③持ち物の準備，④取材対象との交渉，⑤話の聞き方・記録の取り方，⑥礼儀・マナー，⑦お礼など。

方法21：話し合いのときには，三つの条件がそろっているか確認する。①話題，②話題についてのズレ，③共通の基盤（＝資料，体験，既習事項など）。

方法22：本物体験が基盤になる話し合いの場をもつ。

■コラム①　地域と学級結ぶ『たけのこ新聞』

「たけのこ新聞は1枚5円でーす」「1週間に1回届けられまーす」「2年1組の手作り新聞でーす」

11月上旬，保護者も参加して行われた作野小学校の収穫祭で，2年1組の子どもたちが元気よく叫びました。自分たちの「たけのこ新聞」の読者を増やすために販売センターを開き，看板を立てて呼びかけたのです。

2年1組（29人）では，2学期から6つの班が輪番で，約1週間に1回学級新聞「たけのこ」を発行しています。1学期は大きな壁新聞を4号作り，2学期になってから印刷新聞に切り替えました。

この「たけのこ新聞」の読者を増やすために，学級であれこれ考えました。1年の時に収穫祭でワタの種屋さんを開いた経験があったので，「収穫祭で宣伝したら」「売ればいい」ということになりました。有料とすることには賛否両論あって，カンカンガクガクの議論の末，1部5円と決定し，冒頭のように売り出されました。有料で読者が集まるのか不安でもありましたが，66人の読者を獲得しました。

現在（15号まで発行）は78人の地域の読者に子どもたちの手で直接「たけのこ新聞」が届けられています。「お父さんはおまわりさん　かぜをひかないで」「はずかしかったしゅうかくさい」「ワタのみができた」「秋のにおいみつけたよ」などのトップ記事が紙面を飾っています。

読者の方からは，「86歳になるおばあちゃんも愛読者です」「雨の日でも配達してくれてありがとう」などの多くの励ましの声もいただき，新聞作りの大きなエネルギーになりました。

題字の「たけのこ」には「たすけあい，げんきにのびるこころをもとう」という，子どもたちと私の願いが込められています。

地域の皆さま，2年1組の「たけのこ新聞」はただいま読者募集中です。

みんなでがんばり読者増やしたよ

11月2日，2年1組のおともだちと「たけのこ新聞」のお店をひらきました。わたしたちは，お店をひらくのが一ばんでした。一はんと二はんでやりました。せんでんとお店がかりがあって，二はんがさいしょにお店がかりでした。

さっそく「いらっしゃいませ」と言ったりしました。わたしはおつりがかりでした。こうきくん，ひとしくんはよびこみかかりでした。なおこちゃんは，おたすけがかりでした。あやかちゃんは，メモがかりでした。

みんなもわたしも，れんしゅうのときのほうが上手でした。だけど，ほんばんのときのほうが元気でした。

かってくれたおきゃくさんに「ありがとうございました」といいました。わたしたちがお店をおわっておきゃくさんの人数をかぞえてみたら，13人ものおきゃくさんがきてくれました。

休けいがおわって，つぎはせんでんがかりでした。みんな元気に「1しゅう間に1かいとどけます」と言ったり「1枚5円です」と言ったり「読者をふやすためにやっています」と言ったりしました。ちょっとはずかしかったです。もっともっと読者になってくれる人がいるといいのになあと思いました。

（2年　S・N）

『中日新聞』1997年1月12日付

■コラム② 光り続けるホタルの話題

1998年度（平成10年度），３年生を担任し，子どもたちに学級新聞と新聞切り抜き作品作りに取り組んでもらいました。切り抜きは保護者の協力をお願いし，３年生にあった「安城市に関する記事」「自然に関係する記事」「心温まる記事」などに焦点を絞りました。５月に呼びかけると，植物や動物の写真記事が集まり始め，中にホタルの記事もいくつかまじっていました。

すると，A子さんが学区内のホタルセンターのチラシを持ってきてくれました。有志の方がホタルの保護のために幼虫から育てている施設でホタルを見られるという案内で，早速クラスで10人以上の子がホタルを見に行きました。数人の女の子が，この体験を「あのねちょう」に書き，その中の一人K子さんが「たいよう新聞」（学級新聞）に「大きくなれゲンジボタル」の見出しでトップ記事にまとめました。愛知県内，日本全国，そして自分たちの安城市でもホタル保護に取り組む人がいることを，新聞記事と取材で実感しました。

続けた「朝の会」の記事紹介で，ホタルを保護する人だけでなく，鳥のタカの写真を撮り続け写真集で保護を訴えるカメラマン，自分の田んぼで絶滅寸前のチョウを育てている農民など，日本には地道に自然保護に取り組んでいる人が少なからずいることを，子どもたちは知りました。11月，学芸会ではホタルにちなんだ「ピピ　飛べないホタル」を学年で演じることになり，市内の「篠目ホタルの会」の野村利春さんのお話を聞きました。

２学期の終わりと冬休みに，切り抜き記事の整理をし，「はねを広げる仲間たちのメッセージ」として一つの作品になりました。「ホタルは夜の宝石」「鳥は空からの宅急便」。これは子どもたちが考え抜いた見出しです。この活動で，子どもたちの心に「ホタル」の光が輝き続けてくれると信じています。

切り抜きで学ぶ

前は，新聞のことはよく分からなかったけど，切り抜きを始めて少しずつ分かってきました。ぜつめつしそうな鳥を守るために人が力を合わせて助け合っていることを知りました。

ホタルの写真記事を見て「きれいだなあ。でも，すぐ死んじゃうんだ」と思いました。ホタルの記事からは，オスの方がきれいだけど，体は小さいということも分かりました。どうしてだろうとふしぎに思いました。

（３年　H・M）

『中日新聞』1999年５月30日付

第3章
「地球市民」の育成を求めて

（1）遠い隣国から近い隣国へ

～「アンニョンハセヨ　韓国・朝鮮との出会いを求めて」（2002年度　小学校6年の実践より）～

この単元「アンニョンハセヨ　韓国・朝鮮との出会いを求めて」は，日本と韓国がサッカーのワールドカップを共同開催した2002年に実践した取り組みである。この年2002年度，筆者は折りよく6年生の担任であった（この年度は「総合」に105時間が割り振られていた）。

「総合」では，「人生で誰もが直面する問題や現代社会において人々が直面している問題，さらに地球市民として一人ひとりがグローバルな視野で考えるべき問題を学びの主題」（佐藤学，前掲書）として取り上げることが求められる。

「今日的課題」を「学習材」として取り上げるケースが多い「総合」では，現実社会の進行とリアルタイムで学習を結びつけたとき，いっそう学習の効果が上がると筆者は考えている。

今，社会的関心を強くもたないといわれる若者でさえも，日常的にテレビや新聞で繰り返し報道される大事件や大きなイベント1)にかかわる「ひと・こと・もの（ニュース）」についての報道に対しては，強い興味・関心をもつ場合が多い。ワールドカップはまさにそのような対象である。しかし，大量に報道され，若者や子どもたちの興味・関心を呼ぶ「社会的な事象（ひと・こと・もの）」がそのまま教育現場の学習材になるわけではない。大切なことは報道される「ひと・こと・もの」をどのような形で子どもたちに提示し，どのような問題意識につなげていくかである。本実践ではワールドカップという国際イベントを入り口にして，異文化理解，歴史認識へと学習の展開を図りたいと考えた。

通常の国際ニュースに関していえば，日本のテレビ報道や新聞報道は欧米偏重の傾向が根強いといわれた（原寿雄『ジャーナリズムの可能性』[2)]）。しかし，ワールドカップ開催のこの時期には「韓国・朝鮮」にかかわる報道が質量ともに増大することが予想された。そこで，そのタイミングをねらい，「国際理解教育」に視点を据えた「総合」を展開すれば，より身近に，しかも同時進行で学習ができると考えた。

「近くて遠い国」といわれた隣国である韓国を主題にすえた「国際理解教育」を進めるには，この上ない時期であると判断した。

小学校6年生の現行の社会科教科書（筆者の地区では東京書籍）における近代の歴史学習では「韓国併合」など「朝鮮との関係」に１ページを割いている。１ページが多いか少ないかは議論の分かれるところだが，歴史学習と合わせて「総合」を展開すれば学習の成果がより上がるだろうと考えた。また，社会科においては6年生の教科書（東京書籍　下）の最後に「世界の中の日本」の単元があり，韓国を初めさまざまな国との関係を考える単元を設けてある。6年生においては，とりわけ「地球市民」の一員としての自覚を高めるような「国際理解教育」が求められている。

（2）「加害・被害」の歴史を超えて

この単元の構想は，次ページに示す指導計画のとおりであり，単元の目標は次のように設定した。

① 韓国・朝鮮の人々や文化に関心をもち，身の回りの事象と比較しながら異文化にふれる活動をする中で，共生の心と豊かな見方・考え方をもつことができる。
② 調査，取材活動，新聞切り抜き活動，図書，インターネットなどを通し

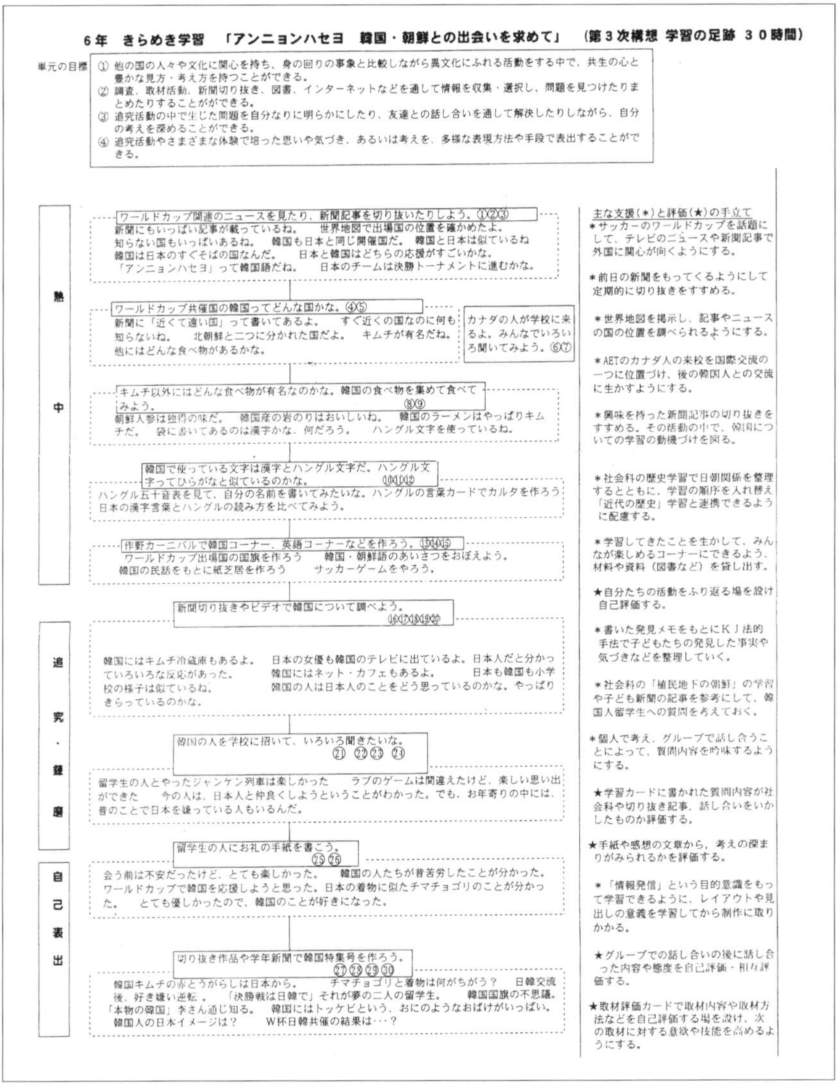

6年　きらめき学習　「アンニョンハセヨ　韓国・朝鮮との出会いを求めて」　（第３次構想 学習の足跡 ３０時間）

単元の目標

① 他の国の人々や文化に関心を持ち、身の回りの事象と比較しながら異文化にふれる活動をする中で、共生の心と豊かな見方・考え方を持つことができる。
② 調査、取材活動、新聞切り抜き、図書、インターネットなどを通して情報を収集・選択し、問題を見つけたりまとめたりすることがができる。
③ 追究活動の中で生じた問題を自分なりに明らかにしたり、友達との話し合いを通して解決したりしながら、自分の考えを深めることができる。
④ 追究活動やさまざまな体験で培った思いや気づき、あるいは考えを、多様な表現方法や手段で表出することができる。

熱中

ワールドカップ関連のニュースを見たり、新聞記事を切り抜いたりしよう。①②③

新聞にもいっぱい記事が載っているね。　世界地図で出場国の位置を確かめたよ。
知らない国もいっぱいあるね。　韓国も日本と同じ開催国だ。　韓国と日本は似ているね
韓国は日本のすぐそばの国なんだ。　日本と韓国はどちらの応援がすごいかな。
「アンニョンハセヨ」って韓国語だね。　日本のチームは決勝トーナメントに進むかな。

ワールドカップ共催国の韓国ってどんな国かな。④⑤

新聞に「近くて遠い国」って書いてあるよ。　すぐ近くの国なのに何も知らないね。　北朝鮮と二つに分かれた国だよ。　キムチが有名だね。
他にはどんな食べ物があるかな。

カナダの人が学校に来るよ。みんなでいろいろ聞いてみよう。⑥⑦

キムチ以外にはどんな食べ物が有名なのかな。韓国の食べ物を集めて食べてみよう。⑧⑨

朝鮮人参は独得の味だ。　韓国産の岩のりはおいしいね。　韓国のラーメンはやっぱりキムチだ。　袋に書いてあるのは漢字かな、何だろう。　ハングル文字を使っているね。

韓国で使っている文字は漢字とハングル文字だ。ハングル文字ってひらがなと似ているのかな。⑩⑪⑫

ハングル五十音表を見て、自分の名前を書いてみたいな。ハングルの言葉カードでカルタを作ろう
日本の漢字言葉とハングルの読み方を比べてみよう。

作野カーニバルで韓国コーナー、英語コーナーなどを作ろう。⑬⑭⑮

ワールドカップ出場国の国旗を作ろう　韓国・朝鮮語のあいさつをおぼえよう。
韓国の民話をもとに紙芝居を作ろう　サッカーゲームをやろう。

追究・錬磨

新聞切り抜きやビデオで韓国について調べよう。⑯⑰⑱⑲⑳

韓国にはキムチ冷蔵庫もあるよ。　日本の女優も韓国のテレビに出ているよ。日本人だと分かっていろいろな反応があった。　韓国にはネット・カフェもあるよ。　日本も韓国も小学校の様子は似ているね。　韓国の人は日本人のことをどう思っているのかな。やっぱりきらっているのかな。

韓国の人を学校に招いて、いろいろ聞きたいな。㉑ ㉒㉓ ㉔

留学生の人とやったジャンケン列車は楽しかった　ラブのゲームは間違えたけど、楽しい思い出ができた　今の人は、日本人と仲良くしようということがわかった。でも、お年寄りの中には、昔のことで日本を嫌っている人もいるんだ。

自己表出

留学生の人にお礼の手紙を書こう。㉕㉖

会う前は不安だったけど、とても楽しかった。　韓国の人たちが昔苦労したことが分かった。
ワールドカップで韓国を応援しようと思った。日本の着物に似たチマチョゴリのことが分かった。　とても優しかったので、韓国のことが好きになった。

切り抜き作品や学年新聞で韓国特集号を作ろう。㉗㉘㉙㉚

韓国キムチの赤とうがらしは日本から。　チマチョゴリと着物は何がちがう？　日韓交流後、好き嫌い逆転 。　「決勝戦は日韓で」それが夢の二人の留学生。　韓国国旗の不思議。
「本物の韓国」李さん通じ知る。　韓国にはトッケビという、おにのようなおばけがいっぱい。
韓国人の日本イメージは？　W杯日韓共催の結果は･･･？

主な支援（＊）と評価（★）の手立て

＊サッカーのワールドカップを話題にして、テレビのニュースや新聞記事で外国に関心が向くようにする。

＊前日の新聞をもってくるようにして定期的に切り抜きをすすめる。

＊世界地図を掲示し、記事やニュースの国の位置を調べられるようにする。

＊AETのカナダ人の来校を国際交流の一つに位置づけ、後の韓国人との交流に生かすようにする。

＊興味を持った新聞記事の切り抜きをすすめる。その活動の中で、韓国についての学習の動機づけを図る。

＊社会科の歴史学習で日朝関係を整理するとともに、学習の順序を入れ替え「近代の歴史」学習と連携できるように配慮する。

＊学習してきたことを生かして、みんなが楽しめるコーナーにできるよう、材料や資料（図書など）を貸し出す。

★自分たちの活動をふり返る場を設け自己評価する。

＊書いた発見メモをもとにＫＪ法的手法で子どもたちの発見した事実や気づきなどを整理していく。

＊社会科の「植民地下の朝鮮」の学習や子ども新聞の記事を参考にして、韓国人留学生への質問を考えておく。

＊個人で考え、グループで話し合うことによって、質問内容を吟味するようにする。

★学習カードに書かれた質問内容が社会科や切り抜き記事、話し合いをいかしたものか評価する。

★手紙や感想の文章から，考えの深まりがみられるかを評価する。

＊「情報発信」という目的意識をもって学習できるように、レイアウトや見出しの意義を学習してから制作に取りかかる。

★グループでの話し合いの後に話し合った内容や態度を自己評価・相互評価する。

★取材評価カードで取材内容や取材方法などを自己評価する場を設け、次の取材に対する意欲や技能を高めるようにする。

て情報を収集・選択し，問題を見つけたりまとめたりすることができる。

③　追究活動の中で生じた問題を自分なりに明らかにしたり，友だちとの話し合いを通して解決したりしながら，自分の考えを深めることができる。

④　追究活動やさまざまな体験で培った思いや気づき，あるいは考えを多様な表現方法や手段で表出することができる。

単元構想で示したように，単元の展開に当たって主に３つの視点を重視して構成をした。重視した視点の第一は「新聞記事の活用」であり，第二は教科学習，つまり「社会科の歴史学習との連携」である。そして第三は「新聞作り」である。したがって，その３つの側面を中心にして実践を分析・考察したい。

①問題意識をどのように育むか

―「新聞記事」「テレビ番組」「食」から「ハングル」へ―

単元の導入では，子どもたちに韓国に関係した新聞記事の切り抜き活動を呼びかけるとともに，韓国を特集したテレビ番組（録画したもの）を全員で視聴し，感想などを発表しあうようにした。

当時は，まだ韓流ドラマなども流行しておらず，すぐ近くの国なのに子どもたちの韓国・朝鮮への関心や知識は乏しかった。知っているものといえば，「キムチ」くらいであった。しかし，ワールドカップの共催国になった韓国のことを新聞やテレビがさまざまな形で取り上げたので，子どもたちは興味をもってこれらの記事を切り抜いたり，番組を見たりした。

つぎに，子どもの興味・関心を引きやすい「食べ物」に絞って学習を進めた。当時，クラス内には在日韓国人の児童も在籍していた。その児童の国籍については特に秘匿されていたわけではなく，その事実を知る級友もいた。児童の母親に「韓国・朝鮮」にかかわる学習を行う旨を話すと，「協力はするが，学校で表立って行動することは避けたい」ということであった。

母親との話で，目に見えない無言の偏見はまだ存在することを感じた。しかし，家族の協力を取り付けることができた。家庭にある韓国産の食べ物や教師が用意した韓国土産などを集め，それらを試食したり，袋の文字などから「情報」を読み取ったりした。その中で，韓国の食べ物の袋に書かれた文字に目を向けるようにした。食べ物の袋には多少の日本語と漢字，それから韓国の文字らしいものが書かれていることがわかった。調べてみると，それは韓国で使われているハングル文字であることが判明した。

韓国で使われている文字が漢字とハングル文字であることを学んだ子どもたちは，つぎに，ハングル五十音表に挑戦した。自分の名前をハングル文字を使って書いたり，ハングルの言葉カードでカルタを作ったりして日本の漢字言葉とハングルの読み方を比べてみる学習などを行った。カルタ遊びはゲーム感覚で行えるので，子どもたちは楽しみながら，ハングル文字の読み方を少しずつ覚えていった。学習が進んでくると韓国語会話の本などを持ってくる子も現れた。韓国語の会話練習用CDなどを使って簡単な日常会話なども練習した。このように導入部で体験的な活動を多く取り入れたことで，子どもたちの韓国・朝鮮への興味は少しずつ高まり，新聞記事の切り抜きも積極的になっていった。新聞やテレビは，「こと」があると一極集中型の報道をすると批判の対象になるが，大切なのは学習材としての取り上げ方にあると考える。

資料3.1　学習教材の一例

漢字語

한자어　ハンチャオ

朝鮮半島は歴史的にも文化的にも中国の影響を強く受け，ハングル文字は14世紀に漢字をもとにしてつくられました。

漢字は，５世紀ごろ朝鮮半島の人々によって日本にも伝えられました。そのため，韓国・朝鮮語と日本語には共通するよく似た読み方の言葉が多くあります。

한글［ハングル］	漢字［日本語］
산수［サンス］	算数［さんすう］
교실［キョシル］	教室［きょうしつ］
기온［キオン］	気温［きおん］
계산［ケサン］	計算［けいさん］
시간［シガン］	時間［じかん］
숙제［スッチェ］	宿題［しゅくだい］
약국［ヤックッ］	薬局［やっきょく］
한국［ハングッ］	韓国［かんこく］
조선［チョソン］	朝鮮［ちょうせん］
일본［イルボン］	日本［にっぽん］

② 「興味・関心」を広げる新聞活用術

―「子ども新聞」の「日韓交流特集号」活用へ―

これらの活動と並行して，『朝日こども新聞』（日韓交流特集号，2002年１月９日付，資料3.2）[3]を単元開始の数日後に配付し，読む時間をとった。この「日韓交流特集号」の記事については，興味・関心をもった記事を選び，ワークシートにわかったこと，考えたことをまとめるように指示をした。

まとめに際しては，学習上の約束事をつくった。それは，学びの基本を身につけることが大切であると考えたからである。記事を読んで「わかったこと（印象に残ったこと）」「わからないこと（疑問，難語句など）」などを蛍光ペンで色分けしてから，ワークシートにまとめるようにした。

ところで，「アンニョンハセヨ　韓国・朝鮮との出会いを求めて」では，「日韓交流特集号」の記事が適切な教材になった（資料3.2)。この記事は全国の子ども記者21人が精力的に取材・記事作成・編集し，朝日新聞社の記者がアドバイスしてできあがったものである。

ちなみに，『朝日こども新聞』の紙面は8面からなり，取り上げている主な記事と見出しは次のようであった。

1面：「国超え友情を築いて　韓国大統領（金大中）夫人と会見」

2面：「歴史たどり日本を知る（焼き物，ハングル文字，世宗大王，)」

3面：「韓国の学校訪ねたら　IT フル活用（流行マンガは？　韓国民話，交通機関)」

4・5面：「やっぱりキムチびっくり食文化（チマ・チョゴリ，韓国映画)」

6面：「キマッた！？テコンドー（W 杯会場じっくり比較，ホームスティ)」

7面：「朝小リポーター，韓国の少年記者と座談会（テロ・いじめ…関心同じ)」

8面：「広告」

小学生の「教育」に新聞を活用する際に問題になるのは，「内容の難しさ」と学習したい時期に適切な記事が見当たらないという問題である。

本実践で使用した『朝日こども新聞』（児童数分を朝日新聞社から取り寄せておいた）は，筆者がこれは「総合」に使えると考え，温めてきたものである。また，内容的には，子ども向けに書かれた表現や題材であり，打ってつけのものであった。

最近でこそ，新聞社側も教育界の要望や意見にも耳を傾け紙面改革をしてきたが，以前はそんな「配慮」は極めて少なかった。それだけに，この紙面は韓国の政治から日常生活，学校の現状，流行などをあますところなく伝え，非常に貴重な学習材になった。新聞に限らず，いわゆる学習材となる「ネタ」は吟味する必要があるだろう。特に新聞においては，学年の発達段階に応じた記事の難易度，提示・活用のタイミングなども考慮すべきであると考える。

資料3.2　日韓交流特集号１面・２面（抜粋）

朝日新聞　2002年（平成14年）1月9日　水曜日

朝日こども新聞

日韓交流特集号

「国超え友情築いて」

韓国大統領夫人と会見

苦難克服　あふれる気品

李　姫鎬さん

質問への回答要旨

全国の子ども記者21人が精力的に取材

訪問前に猛練習　発音はめられる

W杯公式球に採用された「燃える炎」

ネットカフェで若者はゲームに熱中

韓国人初　パリ・コレ出品の思いを聞く

沖縄の空手にも縁があるテコンドー

2面　歴史

3面　学校

4・5面　食とファッション

6面　スポ

朝日新聞　2002年（平成14年）1月9日　水曜日　別刷特集　2

昔は韓国が教え今は日本が教えているんだって

陶磁器めぐり深い縁

焼き物の古里紀行

日本に留学　陶芸を追求

ハングルを作った

漢字より簡単　だれでも読める

世宗大王はえらーい王様

歴史たどり

日本を

出所：「朝日こども新聞」（別刷特集）『朝日新聞』2002年１月９日付

ところで数年前（＝2004年）に，「メディア論」の立場から NIE の重要性を指摘する柳澤伸司は次のように述べている。本実践からややそれるが，今後の NIE 活動の中で大事な視点であるので，書き留めておく。

「NIE という新聞を媒介した学び方には，市民社会・公共圏を形成する自立した市民意識を生徒に獲得させる意義と可能性をもっている」。「そのためにも新聞界は学校や教師に対する支援態勢，紙面の充実などさらにつとめることが求められる。つまり NIE は新聞（ジャーナリズム）をよくするために批判的な読者を積極的に育てるのであり，ジャーナリズムを支える市民や将来のジャーナリストを育てるために NIE が不可欠だという新聞界の意識改革が必要になってくるのではないか。NIE はメディアリテラシーへと連携していく」[4]。

NIE を広く呼びかけたのは，当初新聞界[5]であった。しかし，初期の段階は新聞社内においても NIE の認知度は極めて低く，新聞が教育活動に使われることについて配慮されることは少なかった。筆者が個人的にかかわりの深い地元新聞社なども，NIE のページができたものの，編集局内において記者の多くは「NIE」に対する関心は極めて低かったといわれている[6]。そのような状況であったので，小学生の学習材として活用できる記事は極めて限られていた。したがって，柳澤の指摘には共感するところが多い。現在では，「新聞離れ」を深刻にとらえだした新聞社が NIE を意識した「紙面改革」を次々に打ち出している。

③情報の「受け手」から「送り手」へ—現実社会に踏み込む学び，視点を—

「日韓交流特集号」をワークシートにまとめた後，留学生（交流については後述）からの「取材」内容を交えて子どもは次のように記事をまとめた。

…韓国で有名なキムチにかかせない物「赤とうがらし」は実は日本から伝わっていったそうです。日本から伝わってこなかったら，今のキムチはなかったと留学生の人は言っています。韓国には水キムチもあります。日本にも水キムチはあるそうです。日本の水キムチはキムチにとうがらしをまぜただけのものだと言っていました。キムチは健康にいいし，保存がきくという特ちょうをもっています。健康によくて保存がきくというキムチはすごい役割をしています。…

この記事は『朝日こども新聞』の「日韓交流特集号」の４・５面にあった「やっぱりキムチ，びっくり食文化」という記事をきっかけにして仕上げたものである。記事から得た知識をもとに，さらには来校した留学生への質問から得た情報を加えて文章化したのである。「記事を読むこと」から出発し，さらに「取材」という過程を経て，新たな発見を加え，韓国と日本のつながりを認識し，新しい「見方」を獲得した一例といえよう。

ところで「新聞記事の活用」と「取材」について，『教育ってなんだ』（太郎次郎社，1976年）など優れた教育記事を書いた共同通信社の斎藤茂男は，NIE座談会[7)]（『毎日新聞』1997年10月15日付）で次のように述べている。

「中学生はスケジュールを管理され，生活が空疎化しています。そこに膨大な量の情報が襲っている。教科書を横に置いといて，新聞が教科書になってしまうと，子供たちは単なる情報の受け手になってしまう。単に切り抜きをして，感想を話し合ってみましょうというレベルでなく，新聞を通して現実に踏み込むことができれば，新聞と教育の新しい関係性ができる。それには読み手から作り手へ，生徒を前進させることも必要だと思うのです」。

この指摘は，筆者が最も大事にしたいと考える点である。この座談会では「中学生」を念頭において斎藤は発言しているが，小・中・高そして大学生まで，新聞を教育に活用するとき，忘れてはならない基本理念であると考える。

本単元の実践は，学校外に出て韓国・朝鮮人から「取材」したわけではない。さまざまな制約のある学校現場で文字どおり，「外」に出るのは容易ではない。大事なのは「外」の「本物」にふれる機会をつくるという教師の姿勢であると考える。本実践では韓国の人を校内に招き，子どもたちの問題意識をぶつけ，質問することが「取材」であり，斎藤のいう「現実に踏み込む」第一歩であると考えた（このことについては，他の章で詳しくふれたい）。

もう一つ，子どもが書いた記事を次にあげる。

みなさん，ネットカフェを聞いたことはありますか。私たちは今韓国について勉強しています。先生にもらった朝日こども新聞を見て「ネットカフェ」と言う記事を見つけました。その中で印象に残っているのはコンピューターの数やゲームのことです。
　コンピューターの数はなんと，200台でソウルの人などとゲームができたり，そのゲームで優勝したりするとしょう金がでます。さらに，1時間でたったの200円だそうです。子どもが気軽に行けるので私達も行ってみたいです。

この記事は「日韓交流特集号」を要約した形であるので，「新聞記事の活用」という点では，特段驚く事例ではないが，「韓国のIT事情」を知ることによって，その発展ぶりに驚き，韓国への新しい見方をもったことは確かであろう。

子どもが書いた次の記事も興味深い。「もっと知ろう!! となりの国　韓国」と見出しをつけた記事は，「日韓交流特集号」からさらに「調べ学習」へと発展し，新たな「見方・考え方」を生み出したことを示す事例である。

　…韓国の人との交流などで韓国のことがとてもわかりましたね。でもまだ知らないこともたくさんあるんじゃないかな。仲良くなるにはまず，相手の国の事を知ることが大切です。まずは本のこと。韓国にはどんな本があるのか調べてみました。
　韓国のお話にはトラとトッケビというオニのようなおばけがいっぱい出てくる事，知っていましたか。トッケビは日本でいうキツネのやくわり。韓国の代表的な民話は「太陽と月」と「パンチェギ」です。みんなも知ってる韓国の代表的な文字・ハングル。この文字はだれが作ったか知っていますか。世宗大王。朝鮮王朝の4代目です。ハングルは「大いなる文字」という意味なんですよ。この人がいたからこそ，今の韓国があるんですね。私たちは，韓国のことを学習して現在，日本と韓国が少し近づいてきていることを知りました。W杯共催をきっかけとして，これからももっと関係を深めていきたいと思います。

それほど長い記事ではないし，一見しただけでは驚く内容ではないと思われてしまう。しかし，ここに書かれた内容は中身が濃い。韓国の民話の話，ハングルの歴史など一般の大人でも知らないことが書かれている。これは，他の資料から丸写ししたものではなく，手間暇かけ，自分の手で資料を探し出して，きちんと確かめ，自分の確かな知識にした上で書いていることが記事の書き方から伝わる。これは「取材」に限りなく近づいた学びである。このように時間をかけながらも，確かな学びの方法や「見方・考え方」をもつ子どもを育てるのが，「総合」の本来の役目であろう。また，国際理解の面からも大切な学びといえる。

この児童は，新聞記事から得た知識をもとにして新たな「調べ学習」(取材活動）へと学び方を深化させた。この記事からは本児童が韓国の歴史に対して畏敬の念をもつようになったことも感じさせる。

④歴史学習と結びつける国際理解教育
―「加害・被害」の歴史を超える学びを作り出す―

小学校社会科の歴史学習では，日本と韓国・朝鮮にかかわる学習（単元名「世界に歩み出した日本」東京書籍）は本来であれば2学期に行う内容である。しかし，この単元「世界に歩み出した日本」を1学期に前倒し，「総合」と連携させるようにした。ややもすれば軽視されがちな近代の歴史学習を「総合」と連携することによって相乗効果を図り，「国際理解教育」へとつなげることにした。

ところで，歴史学習の中でアジアとの関係を学ぶとき，次の土屋武志の指摘は重要である。

> 「歴史学習は日本の良さを学び，子どもたちが自分の国に誇りを持つためにあるという主張がある。…特に近代史について，日本の歴史教科書は日本がアジアを侵略した歴史を批判的に書きすぎているため，自国の歴史に誇りを持てない生徒を育てていると主張する。この主張は大学の歴史学や社会科教育学の研究者の中では少数派である。にもかかわらず，この『愛国的』主張は政治的な影響力を持っている」[8)]。

小・中学校の教育現場における歴史学習の実践はどうだろう。土屋のいう「歴史学や社会科教育学」では，多数派の「歴史学習」の実践がきちんとなされているのだろうか。統計的な数字は出せないが，ここ10年，校内の研究授業，安城市内外の研究発表，あるいは教育研究集会などで，日本とアジア（中国や朝鮮など）との関係をきちんと認識した意欲的な「歴史学習」の実践をほとんど見たことがない。研究者の多数派の意見は，教育現場の実践の段階（公開されたもの）では「少数派」になっているというのが筆者の実感である。

全国的に見れば，「総合」がスタートした時点ではアジアに目を向けた実践も見られたが，その国の食べものを食べたり，外国人のゲストティーチャーを招いてゲームをしたり，通りいっぺんの質問をしたりで終わっている実践が多かった。

「総合的な学習」と教科学習は，どのように連携すべきであろうか。この実践は，それに対する筆者なりの試みであった。

学習指導要領には，「世界の中の日本の役割について次のことを…資料などを活用したりして調べ，外国の人々と共に生きていくためには異なる文化や習慣を理解し合うことが大切であること，世界平和の大切さと我が国が世界において重要な役割を果たしていることを考えるようにする」[9)]（社会科編　第6学年）と記述されている。さらに「次のこと」とは「ア　我が国の経済や文化などの面でつながりが深い国の人々の生活の様子」とある。「韓国・朝鮮」などは，当然その中に入る国・地域であろう。

相互理解を深めるためには，やはり日本のアジアへの「戦争責任」「加害」の歴史を忘れてはならないと考える。社会科の学習では時間の関係で難しいというのであれば，「総合」でこそ，この歴史認識を深めるべきではないだろうか。

社会的に見れば，1980年代には，歴代内閣は日本の中国・アジアへの侵略や加害責任を明言せず，教科書検定においては問題化・論争化することが多かった。1993年の「河野談話」[10)]，1995年の「村山談話」[11)]が出されるまで，小中学校の教育現場の「歴史学習」はいつも政治的な論争の影響を強く受けてきた。

今回，「総合」の本単元と社会科の歴史学習を連携させた大きな理由の一つが，この「加害責任」の問題である。筆者は，適切な資料を根拠にして日本と韓国・朝鮮との関係を子どもたちに真正面から考えてほしいと願った。

⑤「資料」を多面的に読み解く
―社会科で「日本植民地下の朝鮮について」学び合う―

小学校6年生の社会科教科書（筆者の地区では東京書籍）における近代の歴史

学習では「韓国併合」など「朝鮮との関係」に1ページを割いている。この部分を詳しく取り扱い，「総合」と連携できるよう双方の単元計画を構想した。

社会科の指導計画は右のとおりである。「ノルマントン号事件」から「不平等条約の改正」「日清・日露戦争」を学び，さらには朝鮮との関係を考える。特に日本植民地下の朝鮮および朝鮮人について考えることを重視した。

指導計画

世界に歩み出した日本（１２時間）

ノルマントン号事件とはいったいどんな事件だったのかな。①②

英国船が沈没　日本人乗客全員死亡　英人船長は軽い罰　世論のいかり

↓

不平等条約のせいで船長の罪が軽い。不平等条約ってどんな内容なのかな。③

治外法権を認めている　関税自主権がない　どうして問題になるの　公平な裁判でない

↓

政府は不平等条約を改正するためにどのようなことをしたのか。④

最初はうまくいかなかった　近代化のおくれで相手にされない　鹿鳴館で外国に日本の宣伝をした　戦争のあとに改正された　国内の科学や技術の発展に努めた

↓

二つの戦争と条約の改正は，何か関係があるのだろうか。⑤⑥

二つの戦争とは関係ない × 戦争に勝って日本が認められた　戦争で改正するなんておかしい × 強くなければ認められない

↓

二つの戦争ってどんな戦争なのかな。⑦ ⑧

日本と清の戦争なのにどうして朝鮮が戦場なの　ロシアと清に戦争で勝った　日本は戦争に勝ってうれしかった　戦争に反対する人はいなかったのか

↓

二つの戦争に勝った日本は朝鮮をどのように扱ったのかな。⑨⑩

朝鮮語の時間がだんだん減っていった　土地の多くが日本人のものになっていった　朝鮮人や中国人を見さげるようになった　このことが原因で近くて遠い国と言われるようになった　両国に溝ができた

↓

日本の人々は，戦争や朝鮮のことをどう考えていたんだろう。⑪⑫

《主な支援（＊）と評価（★）の手だて》

＊きらめき学習で韓国関係の新聞記事を集めたりテレビニュースを見たりするよう呼びかける。

＊学習カードを活用し，自分で調べたこと・考えたことを持って話し合いにのぞめるようにする。

★学習カードを各授業場面ごとに用意し，調べた内容や見方・考え方を評価する。

＊全体での話し合いの前にグループで話し合い，用語についての疑問をなるべく解消できるようにする。

＊絵・写真・図表・文章など様々な資料を読み解く時間を十分確保し，事実をはっきりさせた上で，自分の考えや疑問を書くよう助言する。

★学習カードに書くとき，自分が調べたことと友達との話し合いで分かったことは色分けさせ，自己評価できるようにする。

また，この単元では絵図，写真資料，文章資料，図表などをじっくり読み解く場面を設定し，学びの基礎・基本の力を育てるようにした。これら社会科の学習とほぼ同時期に「総合」の学習を進め，韓国の食べ物を食べたり，ビデオで「悲劇のマラソン王ソン・キジョン」[12)]を視聴し，歴史の中で埋もれてきた日朝関係における不幸な人物についてスポットをあてたりした。

これらの学習から得られた朝鮮への知識や思いをベースにして下記のような授業を展開した。

公共図書館で選び出した複数の資料を選び，学習プリントにした。「資料からわかった事実」「事実から考えたこと」「疑問に思うこと」などを学習プリントにまとめる時間をとり，全体授業に臨んだ（授業記録における児童名はすべて仮名である）。

目標：日本の植民地下の朝鮮について具体的事実から朝鮮の人々の思いについて多角的に考える。
（明治以降の日本と朝鮮の関係，不平等条約，日清・日露戦争の韓国併合などの歴史事項の概略を確認した後）

T　：日本は朝鮮に対してどういうことをしたのか。
智代：朝鮮語をなくして日本語ばかりを使用させた。
結衣：智代さんに付け加えて1941年には朝鮮語の授業がなくなった。
香奈：日本語を国語とし，朝鮮の歴史を停止してしまった。
T　：自分の考えたこと，わかったことも一緒に言ってね。
由佳：付け足しで，日本語を国語として日本の歴史を国史とした。
裕樹：由佳さん，もう一度言ってください。
由佳：日本の歴史を国史とした。なぜ朝鮮語をなくしたのか。
綾香：国語は国の言葉だし，日本の歴史を国史とした。
俊　：朝鮮を日本のものにしたかった。
T　：恵美さん。
恵美：字や言葉は昔の人が考えたのに，大切なのにそれを止めてしまうのはいけないと思う。
T　：違う人に聞きたいな。
彩花：まだ子どもだから，朝鮮人に日本語を教えるのはおかしいと思わない。なぜ日本語を習っているのかわからなかった。子どもだから本当の国の言葉を奪われていいのか。私はいやだと思う。
俊　：朝鮮は侵略されていたのになぜ，ワールドカップが行われるぐらいになっているのか。
T　：なるほどね。…このグラフ（授業時数の変遷）はわかりますね。教科書のグラフを使って自分なりに説明できる人はいますか。
百合：1911年朝鮮語と日本語は倍。全然違う。1917年朝鮮語と日本語は10時間ぐらい違う。1941年になると朝鮮語の時間はなくなっている。
T　：このことですね。1941年に朝鮮語の学習時間がなくなると…。
俊　：さっきの百合さんのに付け加えて，どんどん減っているから，年がたつにつれて日本人が朝鮮人に厳しくしている。
T　：芙美さん，調べたことあると思うけど言ってくれる？
芙美：学者たちは朝鮮語を守り抜くために，ハングル文字を…。
T　：どこの資料？　１か２か？
芙美：２の資料。
T　：２の資料だそうです。
芙美：1942年に33名が逮捕されました。
T　：結局だめだったわけだね。今，言葉の問題が出ていますが，どこからでもいいので言ってください。
大　：教師がサーベルを持っているところから物騒な世の中だと思う。
恵美：日韓併合で朝鮮語を…。大地をたたいて泣く人がいた。
T　：全土で泣く人がいたと言ったけれど，この部分を説明できる人いる？

（略）

Ｔ　：このあたりを考えてみよう。（資料提示『東亜日報』のソン・キジョン）

恵美：新聞を発行するときに日の丸を消して発行した。

Ｔ　：わかったこと，感想を言ってください。

彩花：ソン・キジョンさんは日本代表として，日の丸が上がって君が代が流れたとき，激しい怒りと悲しみが溢れた。私が考えたことは，優勝記念碑に名前が書かれたことをソン・キジョンさんはどう思ったのかということ。

結衣：新聞で自分の名前…。日の丸を消したせいでいやな目にあってかわいそう。

Ｔ　：ソン・キジョン関係でありましたら。

拓　：朝鮮の新聞社は，写真を消すことによって抵抗運動が起きることをねらっていた。

香奈：日本の朝鮮支配から独立をねらい，さまざまな抵抗運動を起こした。

Ｃ　：抵抗運動って何？

彩花：やりたくない。むだな抵抗はよせと言うけど。

伸司：ソン・キジョンさんは日本人として走るのがいやだと言えばいい。

Ｔ　：どうでしょう？伸司くんは「いやだ」と言えばいいのにということです。

大　：伸司くんが言ったことに対して。朝鮮は日本になってから日本の代表選手として出なければ拷問にかけられる。

Ｔ　：日本の選手としてのみ，出場できたということだね。

恵美：大くんに付け足しで，朝鮮は日本のことがこわかった。

啓二：ビデオでもやっていたけど，走るのが楽しみ。日本の選手としてしか出られない。

Ｔ　：ソンさんの気持ち書いた人発表してください。歩さんどうかな？

歩　：朝鮮の新聞社は，ソンさんに朝鮮の代表として優勝してくれたらと思っていたと思う。

俊　：新聞を発行したところで日の丸を消すことになる。発行したら日本人が来て何かされるのを知ってて発行した。根性がある。
（後略…この後，授業の感想を書いて授業は終了した）

⑥何が真の国際交流を育むか―歴史的知識をもって，韓国留学生と交流―

このような歴史学習をし，歴史的な知識と子どもなりの見方・考え方をある程度もった後に，４名の韓国留学生（愛知教育大学に留学中の男女合わせて４名と付き添いの大学教授２名）との交流の場を設定した。この交流は，授業時間として約半日（4時間分）をあてた（この年，「総合」の割り当て時間は年間105時間あり，まとめ取りすれば，このような展開は十分可能であった)。

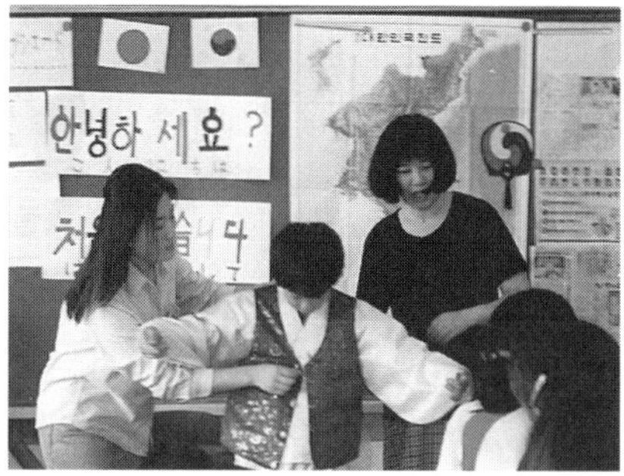

民族衣装のチョゴリを体験する児童

ところで，この「日韓交流」は地域の保護者・A さんの仲介で実現した。A さんは，「複数の外国語を習いながら，お互いの国でのホームステイ体験を通して国際交流を図る」民間団体の一員であった。今回の交流のプログラムは筆者側の希望も出しながらも，A さんの流儀で進めていただいた。

学校側が出した希望は，質問の時間をしっかり確保することであった。事前に「総合」や社会科の学習で出た質問を個人単位，グループ・学級単位で内容を整理し，順番づけをしておいた。できるだけ「取材」に近い形を取ることに留意した。学校にゲストティーチャーを招く場合，授業意図と外れないように配慮すべきであると考えていたからである。

児童が書いた作文で，その交流の様子を再現する。

☆韓国の方が作野小学校に来てくれました。部屋に入ってきたとき「あれ？」と思いました。「韓国人の方？」日本人とまるで似ていました。韓国の6人の方は少し日本語が分かるようで自己紹介の時には日本語でした。最初のゲームの「LOVE」と指を使った遊びはむずかしかったです。6年2組では「ビビンバ」はどういう発音なのか質問が出ました。「ビビンパッ」でした。 （児童 A）

☆私達は韓国の2人の留学生ペクさんとチェ・ジュンホさんに韓国について聞きました。一つ目はあいさつのことです。日本で自己紹介に使う「はじめまして」は韓国では「チョウンベ　ケッスムニダ」です。「私は○○です」も韓国語に直すと「チョヌン　○○　イムニダ」なんです。「よろしくね」や「よろしくお願いします」は韓国語で「チャル　ブッタ　カムニダ」です。みなさんが感謝するときによくつかう言葉「ありがとう」は韓国語では「コマスミダー」です…。 （児童 B）

☆韓国からの留学生リュウ・チソンさんは愛知教育大学に通っている大学生。

日本に来て4年ぐらい。だから日本語はペーラペラ。韓国のユニフォームを見せてもらいました。真っ赤に燃えるユニフォームを。リュウさんは決勝戦で日韓の戦いになることをのぞんでいたんだって。いつかそのリュウさんの夢がかなえばいいな。

　そして，昔のことを聞いてみると「昔は昔，今は今。だから気にしていない。」と言ってくれました。いっしゅん心が「ホッ」として，「よかった」と思いました。次に原田がジャンさんを紹介します。ジャンさんは2週間の間ホームステイで日本に来ていました。…ジャンさんは日本食のある食べ物が好きだそうです。その食べ物は何だと思いますか。それはおすしとお好み焼きだそうです。…外国人は生魚が食べれないと思っていたけれど，それはまちがっていて外国人も生魚が食べれるんだと思いました。　(児童C)

　筆者の学年は3クラスからなり，事前の歴史学習には濃淡があった。交流前に歴史学習を行わなかったのが1クラス，一通り終えていたのが1クラス，そして前記（授業記録）のような歴史学習を展開したのが筆者のクラスである。そして前記3名は，実は筆者以外のクラスの児童である。通常の「国際理解学習」の交流はおそらくこのような受け止めが多いと考える。

　ところが筆者の学級では，授業の中で「異変」が起きた。筆者の学級の交流授業の中でAさんが顔色を変えて，筆者に進言してきたときがあった。それは和やかな雰囲気の中で子どもたちの質問に韓国の方（愛知教育大学への留学生）が答えていたときであった。

　質問は事前にクラスで話し合い，内容や順番も決めてあった。その交流の中で児童が日本による植民地時代のことにふれる質問をした。それに対して留学生は「それは昔のことだから気にしていない」と答えた。しかし，「併合」について学習を深めていた子どもたちは，それに満足せず，さらに同様の質問を続けた。

おじいさんの話をする韓国人留学生

　教室が静まりかえった。その雰囲気

を察して，Ａさんが「もうそういう質問をやめましょう」と気色ばんで筆者に進言してきた。しかし，これ（過去の問題）は避けてはいけない問題だと考えていた筆者は，Ａさんに「もう少し見守ってください」とお願いし，子どもたちの質問を続けさせた。

一人の児童は，そのときのことを記事に次のように書いている。

…1910年８月22日朝鮮が日本のものになったときの資料を社会の授業で読みました。私が気になったのは「併合された朝鮮の人々のくらし」という資料です。「安い賃金で鉱山などの危険な仕事についた。」ということです。どのような危険な仕事かイ・ジウンさんに聞いてみました。鉱山に入っての仕事は上から石が落ちてきたり，出口がふさがれたりするそうです。私はこの話を聞いて胸が少し苦しくなりました。イ・ジウンさんは日本のことを悪くないと言っていました。でも本当に悪くないと心から思っているんのでしょうか。これからおたがいの国を好きになれたらいいと思います。（児童Ｎ）

韓国の留学生は，最初は「気にしていない」と言っていたが，同様な植民地時代にかかわる質問がいくつか続いて出たので「実は私のおじいさんは…」と言いながら，目にうっすら涙を浮かべながら祖父から聞いたという体験談を話し始めた。

後に采華は，そのときのことを学級新聞（資料3.3左）の記事に次のようにまとめた。

「本物の韓国」，季（イ）さん通じ知る

私は先日，季さんと会って日韓関係の現状を知ることができて，いろいろな面で良かった思います。

それは第一に，昔の出来事をくわしく知ることができたからです。日本の植民地にされたころのあの悲劇をよりくわしく知るということは韓国の人の気持ちになって考えられ，日韓関係のさらなる理解につながります。季さんの言うひとつひとつの言葉が私の心をひきつけて，いっしゅんたりとも聞きのがすことができませんでした。

第二に，韓国人が，今，どのような目で日本を見ているか，を知ることができたことです。若い人も年ぱいの方も，だんだんと日本を理解し，わかりあおうとしているようです。私もほっとしました。韓国の人達の日本の見方も少しずつではあるけれど，変わってきたようで，とてもうれしかったです。

そして第三に，韓国の人や文化とふれあえたからです。昔のことだけでは，韓国を知ったとは言えません。日韓の関係を良くするには，相手の国の文化を知ることから始まります。チマ・チョゴリやパジ・チョゴリを着たり，見たり，キムチの話を聞いたりと「韓国」にふれ，また人ともふれあいました。
季さんに会った日，それは本物の韓国を知った日。だれもが季さんの話に耳をかたむけ，新しい韓国を知ったすばらしい日でした。

日韓交流をアレンジし，授業中は顔色を変えて心配したＡさんだったが，後日この新聞や子どもたちの感想の手紙を渡したら心から喜んでくださった。

「国際理解教育」とは，表面的な交流だけでなく，そこに横たわる問題を含めての交流でなければならないだろう。図らずも，今回，歴史をしっかり学習し問題意識をもって臨んだ学級とそうでない学級の子どもたちとの微妙な反応の違いが明らかになった。むろんこれだけで判断するのは早計だろうが，日韓や日中の間にさまざまな問題が起こるたびに，教育現場での地道な真の「国際理解学習」「国際交流」の必要性を強く感じる。

資料3.3　学級新聞「ポケット」

W杯日韓共催の結果は…?
本物の韓国、李さん通じ知る
もっと知ろう!! となりの国韓国

2002年（平成14年）7月18日(木) 学年新聞「ぽけっと」第4号（韓国交流特集号）
日韓交流後『韓国好き』78人『きらい』14人
交流前『好き』32人『きらい』49人！
「決勝戦は日韓で」それが夢の二人の留学生
今昔日本と韓国の関係

「総合」の時間数が削減された現在，教科学習との連携は「学習指導要領」改訂前に比して重要になってきた。3年生で「食」を扱う「総合」ならば，社会科の地域の「農産物」と関連づけることも可能である。4年生ならば「地域」学習と商店街などを連携させれば，自分たちの街の現状や将来についても学びを深めることができる。5年生であれば「日本の農業」と地域の農業とを関連させ「食と農」の問題を今日的に考えることもできる。

⑦「言語」「思考」の充実を図る新聞作り—自らの学びの足跡を振り返る—

では，この日韓交流を通して，6年生全体ではどのような変化があっただろうか。子どもたちが交流学習の後に作った学年・学級新聞（資料3.3右）の記事を次に引用する。この記事にあるアンケートの結果は，実に興味深く，示唆的でもある。記事のまま引用したい。

> この前，韓国の人が作野小学校へ来てくれました。今年はW杯日韓共催だったこともあり，みんなが韓国について今までどう思っていたか，それに韓国の人とふれあってから考えがどう変わったか，W杯を共催して良かったかなど，6年生全体にアンケートをとりました。
>
> 「韓国の事をどう思いますか？」という質問に対して多かったのが，交流前は「興味がない」「知らない」「別に何とも思っていない」で，今は「いい所」「やさしい」「似ているところが多かった」です。このことから，韓国の人とふれあって，韓国の人がどんな人なのか知ったということがわかります。
>
> 「韓国は好きですか」という質問に対して，交流前は「わかり合えない」「こわい」，今は「会って好きになった」などです。
>
> 「W杯共同開催して良かったと思いますか」という質問には「良かった」89人，「良くなかった」7人，「ふつう」「どちらとも言えない」6人と「良かった」という人が圧倒的でした。
>
> 理由は「良かった」では「仲良くなれた」「距離がちぢまった」などの日韓友好というようなことが多く，「良くなかった」では「日本だけで」「審判とズルしている」「一つ一つの国を見て欲しい」という意見があります。W杯共催で日韓が歩み寄りを始めたのはたしかですが，その分苦情もたくさんありました。韓国が日本を応援し，日本が韓国を応援する。日韓共催だからこそできること。「外国人だから」はやめ，仲良くなりたいです。

本単元では，核になる活動として「新聞切り抜き」「新聞記事活用」「新聞作り」を行ってきた。歴史学習との連携で明らかなように，3クラスの取り組みにはいくつかの点で違いがある。しかし，子どもの作った新聞のアンケート結果のように，相手国への理解が進み，親しみを多くの子がもつようになった。このような学習をしなければ，共催国である韓国を「好き」と感じる子は増えなかったであろう。

記事の末尾の一文は，まさに国際理解の本質に迫るような社会的認識である。アンケートの分析は，本来小学生には難しい学習活動である。しかし自己の分析結果を「新聞」の読者に読んでもらうという「動機づけ」を与えることによって，「認識」はより客観的になった。また，記事の文章が個人の体験の感想の表出だけに終わらず，さまざまな見方・感じ方を意識して書かれるようになった。「新聞」という形式にとどまらず，さまざまな見方・考え方をもった「読み手・読者」を絶えず意識させるという学びの在り方が大切だと考える。

ところで「新聞作り」の指導は，多くの場合，個別指導の時間の確保と協同的な人間関係の構築が極めて重要になる。今回は学年の中からいくつかの有志のチームを作って，韓国交流特集号を編集した。それでも，記事内容の決定，アンケート内容の精選，見出し・文章指導などにかなりの時間を費やした。それだけに特集号の紙面内容はかなりレベルの高いものになった。紙面化されたアンケートを考える段階では，数人で案をつくり，それらを比較・検討する中で筆者がアドバイスをしていった。「探究的」「協同的」な「総合」を構築するためには，日常の学級作りや教科の授業の在り方が問われることになる。そういう意味で「総合」の学習は，もっと実践の検証をしなければならないだろう。

(3)「言語活動」と「探究型の学び」の両立を

本単元は2002年度の実践であるが，今日的視点から改めて見直すために，今回の「学習指導要領」改訂における「総合」の「年間時間数削減」の影響と，改訂で強調された「言語力の充実」，そして「探究型の学びの在り方」[13]の観点から総括してみたい。

①「新聞」を作ることが「総合的な学び」の力をつける

本単元はワールドカップの開催と合わせて取り組んだが，時間数にして約30数時間かかった。今，反省するのは，子どもが発行した新聞などに対する反響（留学生や保護者の声）を子どもたちに返し，そこからさらに考える学習を設定できなかったことである。特に，「総合」においては「発表で終わり」になりがちであるので，そこからの一歩を大切にしなければならないと考える。

ところで，直近の「学習指導要領」では，従来105時間確保されていた高学年の「総合的な学習」の時間が35時間分削減され，その時間はほぼ「外国語活動（実質は英語活動）」[14]に割り振られた。1998（平成10）年告示の「学習指導要領」では「総合的な学習の時間」の実践例として「国際理解教育」が示され，英語圏だけでなく，さまざまな国を取り上げた実践も少なからず行われていた。しかし，今回の「総合」の時間数削減と「外国語活動（英語）」の設定によって，アジアなど発展途上国に目を向けた個性的な実践は大幅に減少することが予想される。

むろん，英語圏の国々を中心とした「国際理解教育」の意義を否定するわけではないが，英語活動が独立し「総合」が大幅に削減されたことで，従来の「総合」の中で展開されたきた柔軟で社会性をもった優れた「国際理解教育」の取り組みがさらに減少することを危惧する。そういう意味で今回削減された30数時間分というのは極めて大きい数字だといえる。「総合」と教科学習との連携は，以前にも増して重要になってくるだろう。

したがって，筆者が「総合」の核として実践してきた「新聞作り」などは国語科の単元と柔軟に連携させるなどの対応も必要になってくる。国語科では主に書き方など技術的な学習を重視し，題材として「総合」や社会科で「習得・探究」した具体的な情報や経験の中身を取り上げるといった方法も考えられる。また，説明文などの学習で「要約」や「見出し」の書き方を学ぶことができるが，それらの学習を，社会科や「総合」でのまとめの「新聞作り」に生かすことも一つの方法になるだろう。

さらに，今回の学習指導要領改訂で強調された「言語力の充実」のためには，上記のような方法だけでなく，「『言葉』を重視し，すべての教育活動を通じて国語力を育成することの必要性」が求められている。このような考えに立ち，「言語力」を充実させていけば，子どもたちの「新聞作り」への動機づけは以前にも増して強めることができると考える。

一方，「新聞作りは時間がかかる」「やり方がわからない」という批判がなされてきた。「学習密度」が濃くなった学習指導要領のもとでは，なおさら「時間が足りない」という声も聞こえる。

しかし，「割り付け」などを簡略化し，所定の用紙を使えば，時間短縮もできる。なによりも，「新聞」は子どもの学習の足跡を保存印刷でき，子ども，授業者の双方，さらには保護者にとっても貴重な学習財産になるのである。

また，１枚の新聞を仲間と進めることにより，「協同」的な学びを創り出すことができる。「決められた字数にまとめる力」や「記事（文章の要点）の見出しつけ」などは「言語力の育成」には極めて効果的でもある。多くの教育活動を「新聞作り」に収斂させるような働きかけが子どもたちの学習への大きな動機づけになることを，筆者は長い経験から確信している。「新聞作りの技術」を含めて，「新聞」はまさにその学級の文化と学習レベルを反映したものになると考える。

②お任せにしない外部講師の招へいを

つぎに，本単元で「探究型の学び」を成立させるために欠かせない支援・条件とは何であったのか総括したい。「総合」において多く採用される「学びの形」の一つは「外部講師」の招へいである。しかし，学習成果を思ったほどあげられないで終わる場合も少なくない。いうまでもないことだが，「外部講師」の授業内容も学校側（授業者側）が主体性をもつべきである。さまざまな制約で一方的に「外部講師」の話を聞くという学習形態もむろんありうるが，可能なかぎり，授業の目標に近づける学習形態を取りたい。

そのような考えのもと，限られた時間の中で「取材＝質問」をし，一定の

「学習成果」をあげるためには，事前に児童の「疑問・質問」事項を整理し，問題意識を高めておかなければならない。

「探究型」の学びで，そこに教師以外の人物が介在するときは，「お任せ」でない，目に見えない形での教師支援が欠かせない。外部講師との打ち合わせが十分でなかったり，時間的配慮が不足していたりすると，「探究型」の学習が結果的に失敗に終わることもある。何度も招へいできない「外部講師」であればこそ，その「出会い・交流」には授業者の十分な見通しが必要である。

本単元であれば，歴史の事前学習である。社会科学習において獲得した歴史の知識や認識をもたないまま質問（取材）に臨んだなら，おそらく韓国留学生からも本音が聞けなかったであろう。コーディネートしてくださった民間ボランティアのアドバイスにしたがって，当たり障りのない質問に変えていたら，やはり，口当たりのいい答えしか返ってこなかったに違いない。

「探究的な学習」は，正しい知識を基盤にしなければ成り立たないケースが多い。本単元を通して，不幸な歴史（加害責任）を直視した上で，それを乗り越える認識をもつことは，小学生段階でも十分可能であることを確信した。また「ナショナリズム意識」に火が付きやすい最近の社会状況を見るにつけ，「めでたしだけに終わらない国際理解学習」[15]をいっそう進める必要があるだろう。

注

1）ここに取り上げた事例以外に，例えば戦後60周年の年に戦争に関する内容を「総合」で取り上げ，実践した。また，本年度（2010年度）であれば，環境問題に関する領域で「COP10」などを取り上げることもできたであろう。いずれにしても，新聞で報道されることの多い問題は，「総合」の学習材として検討する価値が十分あるだろう。
2）原寿雄『ジャーナリズムの可能性』岩波書店，1995年。
3）『朝日こども新聞』2002年1月9日付，朝日新聞社。
4）日本NIE研究会編『新聞でこんな学力がつく』東洋館出版社，2004年。
5）「NIE」は日本国内においては1985（昭和60）年の新聞協会の新聞大会で初めて提唱された。
6）「愛知県新聞教育協議会」の初代会長で元中日新聞NIEコーディネーターの原田紀保より筆者が2009年8月17日に愛知教育大学で直接聞き取りをした。

7）『毎日新聞』1997年10月15日付。新聞週間における，中央教育審議会委員（当時）河野重雄らとの座談会「NIE」で語った。

8）土屋武志編『思考力育成型歴史学習の基礎・基本』アジア歴史教育研究会，2005年，p. 2。

9）文部科学省『学習指導要領　社会科編　第6学年　2内容の（3）』2010年告示。

10）1993年日本政府は『従軍慰安婦問題』について「慰安所は，当時の軍当局の要請により設営されたものであり，慰安所の設置，管理及び慰安婦の移送については，旧日本軍が直接あるいは間接にこれに関与した」とする官房長官談話を発表した（『朝日新聞』1993年8月5日付）。

11）1995年村山首相は「…わが国は，遠くない過去の一時期，国策を誤り，戦争への道を歩んで国民を存亡の危機に陥れ，植民地支配と侵略によって，多くの国々，とりわけアジア諸国の人々に対して多大の損害と苦痛を与えました。」とする談話を発表した（『朝日新聞』1995年8月16日付）。

12）ソン・キジョン（孫基禎）『ああ，月桂冠に涙』講談社，1986年。日本統治時代の朝鮮出身の日本の男子マラソン選手。1936年のベルリンオリンピックでアジアの選手として初めてマラソンで金メダルを獲得した。大会直後に朝鮮の新聞『東亜日報』に胸の日の丸が塗りつぶされた表彰式の写真が掲載される。日本テレビ系列『知ってるつもり』でソン・キジョンの生涯が「悲劇のマラソン王ソン・キジョン」として放送された。筆者はこの番組を録画して子どもに視聴させた。

13）文部科学省『小学校学習指導要領解説　総合的な学習の時間』東洋館出版社，2008年。「同書」p. 12では「探究的な学習とは物事の本質を探って見極めようとする一連の知的営みのことである」と説明している。また，p. 86では学習過程が「課題の設定」「情報の収集」「整理・分析」「まとめ・表現」となるよう述べている。

14）「学習指導要領」第4章で「外国語活動」が位置づけられ，「内容の取扱い」で「外国語活動においては，英語活動を取り扱うことを原則とすること」と定められた。

15）魚住忠久『新版21世紀社会科への招待』学術図書出版社，2010年。この中で「『めでたしめでたしだけの国際理解学習』に終始し学びが深まらないのは「総合的な学習の時間」の授業に繋がる根深い問題である」（p. 165－166）という指摘がある。筆者が目指すのはまさに「めでたしめでたしだけ」に終わらない「総合」であり，この指摘に共感する。

新聞教育の方法Ⅱ

方法１：今日的課題，タイムリー性のある話題・イベントなどと結びつける。

方法２：アジアなどに目を向けた国際理解教育を心がける。

方法３：国際理解教育は，社会科の「世界の中の日本」などと結びつける。

方法４：「食べ物」「ゲーム」などは導入部で扱う。

方法５：「子ども新聞」「子ども向け記事（紙面）」を積極的に活用する。

方法６：新聞社に記事や紙面への注文を出す。

方法７：記事を読ませるときは蛍光ペンなどで，色分け（「なるほどと思った部分」「意味がわからない部分など」）させる。

方法８：新聞記事から本・インターネットなどの調べ学習に発展させる。

方法９：調べた内容が丸写しでなく，自分の言葉になるよう支援する。

方法10：書籍探しは公共図書館のレファレンス・サービスを活用する。

方法11：偏狭なナショナリズムに陥らない，国際的に通用する歴史認識をもって国際理解教育を行う。

方法12：大学（留学生）や民間の国際交流団体との協力関係を大切にする。

方法13：学びの足跡（意識の変化）がわかる「アンケート」などを子どもとともに考え，その内容が学級新聞の記事になるようにする。

方法14：外部講師を招く授業は，指導意図を明確にして臨む。

方法15：外部講師へのお礼の手紙，あるいは授業感想をきちんと書く。

方法16：作った新聞はできるだけ多くの人に配布し，感想をもらう。

方法17：新聞作りにおける協同的な学び（記事検討，見出し付け・チェック，推敲など）を大切にする

方法18：「総合」や国語科，社会科との連携を計画的に行い，言語活動を充実させる。「新聞」に関係する単元を事前に洗い出し，指導順序や指導時間を調整する。

方法19：「新聞作り」は「割り付け用紙」などを用いて時間短縮を図る。

方法20：外部講師を招く場合，事前の打ち合わせ，事前学習（質問・疑問の整理など）をていねいに行い，「探究型の学び」を成立させる。

方法21：国際理解学習では学びを深めるポイントをはっきりし，「めでたしだけの国際理解学習」に終わらせない。

■コラム③　空襲聞き取り調査（上）

「この新聞記事，間違っているよ」と，Y君が新聞を手にして，私のところに言ってきた。全国各地の空襲による犠牲者数一覧表を見て「安城市（愛知県の死者数がゼロになっているのはおかしい」と言う。それは本紙サンデー版の「日本大空襲の全容」という特集記事であった。

Y君はそれより先，新聞切り抜きカードに「…爆弾が投下された市町村に安城市がなかったからおかしいと思った。なぜかと言うと，おばあちゃんの家に爆弾があったからです」と書いてきた。Y君は5年生のときには，一時は考古学者になりたいと言うほど歴史好きで社会的な関心も強い子であった。

彼の鋭い問題意識が新聞記事の小さな数字をとらえた。本当に記事は間違いないのか。

私は学級通信に次のように書いた。「…安城市に空襲はなかったのでしょうか。それを調べて記事にしていけば素晴らしい学習になります。…あったとすれば，中日新聞の記事が間違っていることになります」

6年1組では，5年から『かんづめ』という名前の学級新聞を子どもたちが作っていたので，Y君には「しっかり取材をすれば，特ダネになるぞ」とハッパをかけた。Y君はペンよりも口の方が達者な子であったが，「安城にも爆弾が」という見出しで，『かんづめ』74号におばあさんから詳しく聞き出した話を要領よく記事にまとめた。

戦争当時，安城に鉄鋼所があり，そこで武器を作っていたので爆弾が落とされたこと，ひいおじいちゃんが田んぼで不発弾を拾ったことなどがY君の記事には書かれていた。ただ残念なことに，わが『かんづめ新聞』の豆記者も，安城で空襲の犠牲者が出たという事実は証明できなかった。結局，中日新聞の記事に間違いはなかったのであった。「特ダネ」は幻になったが，子どもたちの戦争への追究意欲はしだいに高まっていった。

『中日新聞』1995年3月18日付夕刊

■コラム④　空襲聞き取り調査（下）

日本大空襲の全容のほかにも「涙の再会　像は守られた」など戦争に関する記事が切り抜きカードに感想とともに提出された。いずれも学級通信で取り上げて，意欲を高く評価し，戦争取材の動機づけになるよう励ました。

このような中で「今年の『かんづめ新聞』特集号は『戦争特集号』にしよう」

ということになった。保護者への調査から，学区内外の約20人の戦争体験者が判明した。学級全員で３人ほどの取材班を10数班作り，取材可能な16人の体験者から聞き取り調査をすることになった。

戦争体験を取材するために必要なことを話し合った。質問内容，取材方法，取材態度などをお互いに確認し，授業後あるいは休日に取材に行くことになった。

11月26日の土曜日には，Ｈ君らの取材班がＯさんから広島での被爆体験を取材した。その場に同席した私はＨ君の質問に驚いた。

みんなで考えた質問と自分でその場で考えた質問とを織り交ぜ，非常にタイミングよく聞いていった。Ｏさんが思わず「君はよく勉強しとるなあ」と言ったほどであった。１時間近い取材中，私は一度も口をはさむ必要はなかった。

今までの取材経験と事前学習を生かしながら，協力して16人の戦争体験者から聞き取り調査をすることができた。取材班ごとに取材メモを確認し記事を仕上げた。83号は４面すべてがインタビュー形式，一人称の語り形式・ルポ風記事など戦争記事で埋まった。

「（当時）戦死するのはうれしい，戦わない人は人間じゃないと言われていたそうです。国のため，家族のためだということですが，…疑問です」（Ｒ子さんの取材後の感想）

特集号は保護者，取材協力者に配られた。新聞記事の切り抜きでは情報の受け取り手として，聞き取り取材では情報の発信者として子どもたちは戦争の実相に迫ったのである。

『中日新聞』1995年３月25日付夕刊

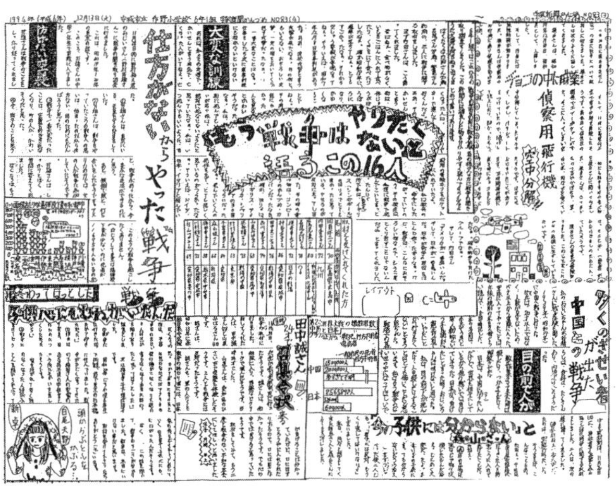

第4章
「平和的・民主的市民」の育成を求めて

（1）不条理な戦争・災害から目を背けず
～「かけがえのない命」（2009・2012年度　小学校6年の実践より）～

この単元は，小学校最終学年の6年生が日常生活を振り返り，社会に目を向ける中で自己の生き方を考えることを願って，「命」そのものを学習対象にすえることにした。身近な人の命の誕生から，戦争や災害，貧困による不条理な死までを考えることによって「平和で民主的な国家・社会の形成者」としての「市民」の資質の基礎を養いたいと考えた。

単元の導入では，身近な人の「新しい生命の誕生」の喜びにふれるとともに，「命」を具体的にとらえる機会をつくりたいと考えた。また継続的に「命」にかかわる新聞記事を切り抜き，その記事内容などを友だちとともに考えることによって，報道を通して伝えられる「生死」の重さに思いをめぐらす人になってほしいと願った。

夏休みには戦争をめぐる記事が多くなるので，「戦争」関連の切り抜きを課題に出すことも構想の中に入れた。さらに，戦争体験者との出会いの場を設けたり，学習発表会で「戦争」にかかわる劇を行ったりして，「戦争と平和」についても正面からきちんと向き合える人になってほしいと考えた。

今回の学習指導要領の改訂に伴い，強調されているキーワードを「総合」に絞ってあげれば，「探究的な学習」「他者と協同する活動」「言語活動」の三つである。「新聞教育」を核にした「探究的」「協同的」な学びを構築するために，一つのテーマをめぐって主体的・多面的に新聞記事などを読み解く場を設けることによって分析力・表現力などを育てたいと考えた。

以上の認識のもと，以下のような構想を立てた。

【単元目標】

①「命」にかかわる出来事を通して日常生活や社会に目を向け，自己の生き方を考えることができる。

②多様な方法・手段で情報を収集し，整理・分析，表現できる。

③問題解決や探究活動に，主体的・協同的に取り組むことができる。

【基本的な考え】

①子どもの興味・関心を呼ぶ教材で学習を仕組むことにより，考える力を育くむ。

②さまざまな手段・方法で情報を得て，主体的・多面的に読み解く学びの場を設けることにより，分析力・表現力を育てる。

③個の追究と磨き合う学びの場を融合することにより，主体的・協同的・探究的に学ぶ力を育てる。

【主な手立て】

○新聞作り　○新聞切り抜き活動　○少人数の話し合い活動　○多様な表現・体験活動　○学校行事の積極的活用　○書籍による調べ活動　○教科横断的取り組み　○国語辞典の徹底活用

【「かけがえのない命」の主な構想と学習内容】

〈全58時間〉

○身近な人から出産体験を聞く。③

○妊娠している人への質問を考え，話を聞く。③

○命のウェビングマップをつくる。②

○新聞の切り抜き活動を進める。③

＊見出しの書き方や工夫を学ぶ。③

＊学級新聞を作る。④

○命に関する新聞記事を集め感想を書き話し合う。⑥

命の誕生／病気／臓器移植／災害／伊勢湾台風／戦争

○戦争に焦点を絞り込む。②

【指導上の留意点】

＊「命」を具体的にとらえられるように，身近な人の胎内ビデオを視たり，体験談を聞いたりする場を設ける。

＊「新聞」記事に載る「命」に関する出来事にはどんなものがあるか「ウェビングマップ」で考える。

＊朝の「新聞タイム」で「命」にかかわる記事の内容をグループで話し合う。

＊夏休みの課題で戦争関連の切り抜き10点を呼びかける。

＊様々な立場の戦争体験を聞く。

○戦争体験者から話を聞く。⑥ （空襲体験／被爆体験／戦場体験 ○劇で戦争を訴える。⑩ ○戦争について本で調べる。⑤ ○気になる新聞記事について話し合う。⑥ オバマ大統領平和賞／オリンピック／スーダン ○元医務官からスーダンの話を聞く。③ ○地域の人に学習内容を発表する。②	＊戦争の本質に迫るような台本にして「調べ」学習と結びつける。 ＊公共図書館のレファレンス・サービスによって適切な本を多数活用できるようにする。 ＊下調べをしておき，疑問点を明らかにした上で「聞く会」に臨む。

（2）「命」の尊厳を学ぶために

①私たちが目指す学習方法―「地域」「体験」「表現」を生かして―

「新聞教育」それだけで，子どもたちの学習が成り立つわけではない。直近の「小学校学習指導要領解説　社会編」[1]では，次のような指摘がなされている。

「各学校においては，地域の実態を生かし，児童が興味・関心をもって学習に取り組めるようにするとともに，観察や調査・見学などの体験的な活動やそれに基づく表現活動の一層の充実を図ること」[2]とあり，「地域の実態」「体験的な活動」「表現活動」が強調されている。さらに，「学校図書館や公共図書館，コンピューターなどを活用して，資料の収集・活用・整理を…」とあり，「情報や資料の収集・活用・整理」について具体的に示している。したがって，本実践では「新聞」とこれらのキーワード（「主な手立て」）を重視した実践を考察してみたい。

②「新聞教育」のカリキュラム化―段階を踏んで，新聞に親しみを―

本単元（6年生担任）では，「総合」の「かけがえのない命」の学習の一つとして，関連記事の「新聞切り抜き活動」に取り組んだ。5年生からの持ち上がりではないため，まず「新聞」に親しむために次の段階を追って学習を進めた。①新聞紙面の説明，新聞にまつわるエピソードの紹介，②過去の新聞切り抜き作品の掲示，③「面白見出し」集め，④新聞の「４コマまんがのタイトル付け」「４コマ目の台詞作り」，⑤「おーい，見出し大集合」，⑥「記事を読み取ろう（５Ｗ１Ｈの確認，要約，感想書き）」などである。これらは，筆者も編集に携わった『新聞学習カリキュラム　小学校編』[3]に沿って行った。

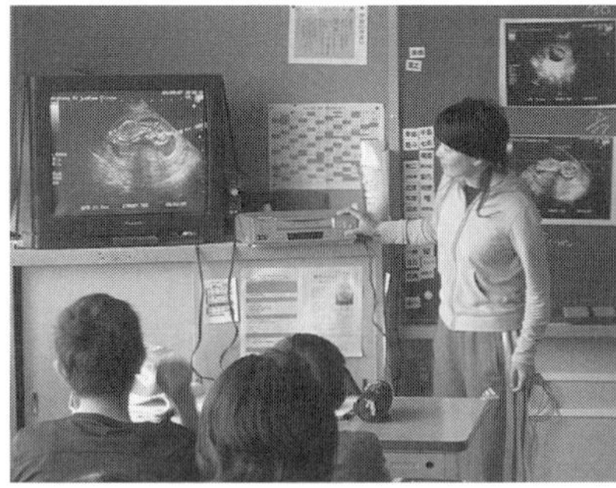

お腹の中の赤ちゃんのビデオ視聴

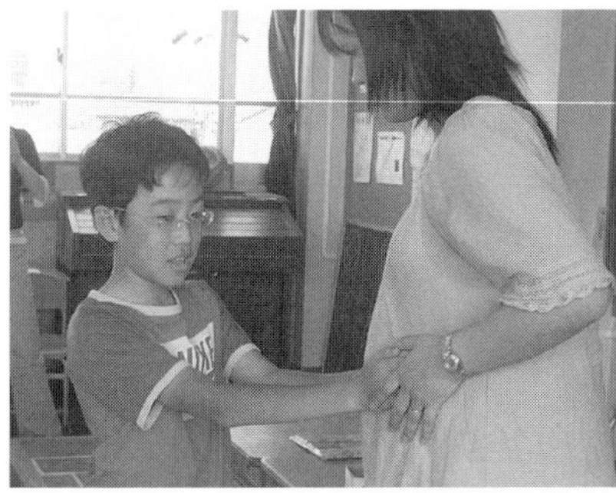

妊婦のお腹に手を当て「命」を実感

①〜⑤の活動は『カリキュラム』から選び出して行ったものであるが，学級の子どもの実態や学校の事情に合わせて行うとよいと考える。これらの活動をしながら，「命」をキーワードにして「ウェビング（クモの巣状に関連を考えつなげる）活動」を行い，社会・世の中ではどんな事件・事故，問題があるかを考えていった。

「マップ作り」で「インフルエンザ」「災害」「臓器移植」「いじめ」「戦争」「老人介護」など予想以上に「命」にかかわることが多いことに気づいた。それらを確認した上で，家にある新聞（ない子は教師が配付）を持ってくるようにし，定期的に15分ほどの時間をとって，「命」にかかわる新聞記事を集めていくようにした。

さらに，前後する形で「出産体験者や妊婦さんへの聞き取り」「お腹の中の赤ちゃんのビデオ視聴」なども行った。子どもたちは，身近なゲストの胎内ビデオの映像を見て「小さな命」が胎動していることに感動した。妊婦さんからの聞き取りでは，実際に動く「小さな命」を実感した。報道される「生・死」

の問題と「命」が少しずつ近づいていった。「命」への関心を深めていった子どもたちは，「臓器移植」「伊勢湾台風特集」「交通事故による不慮の死」など，身近にある「生」と「死」など「命」にかかわる新聞記事を意欲的に切り抜き，感想を書いた。

③「言語感覚」を育てる「学級新聞」―「見出し」から「学級新聞作り」へ―

新学習指導要領の重点は，「言語活動の充実」である。つぎに，一般紙の見出しを学び，それを参考にして，「見出し作り」「学級新聞作り」に取り組んだ。一般紙の見出しを集めておき，その中から特に比喩（たとえ）やユーモアに注目させ，10文字前後で見出しをつくる活動を仕組んだ。「鉄の規律」「巨像解体」「“ガメラ” 堀川に」などの見出しを発見した。一般紙の見出しにおける「比喩の使い方」や「ユーモアセンス」を学んだ後，子どもたちのレベルにあった写真付き記事を提示し，「キーワード」を探し，「比喩を用いた見出し」を考えるようにした。個人で考えたものを班で比較した後，全員で写真付き記事の見出しベスト３を選んだ。

資料4.1　学級新聞「たんぽぽ」（抜粋）

学級新聞「たんぽぽ」No.7　錦町小学校 6年梅組
満足でよかった・・・・」
〜お母さん，切実な思いを語る〜
たんぽぽ
6年梅組 学級新聞

2009年(平成21年) 7月15日(水)　学級新聞「たんぽぽ」No.2　錦町小学校 6年
6年錦学習で「命」学ぶ
たんぽぽ
復元し

このように，「見出し」を学んだ後に，学級新聞作りに取り組んだ。「妊婦さんからの聞き取りメモ」「自分の出産当時の聞き取り」などをもとに書いた記事を中心に，２～３人で一面を仕上げた。15点の新聞が出来上がった。見出しに「比喩」を入れたり，10文字前後でまとめたりするのに苦労しながらも学級全員が作りあげた。限られた字数で文章をまとめる大切さを学んだ。

④「新聞タイム」で「コミュニケーション能力」を
—身近なニュース記事で考える—

２学期には，「新聞タイム」と称して，選んだ一つの記事（命に関連した記事）をもとに数人の班で記事の感想や内容，わからないことを自由に話し合う時間を設けた。「伊勢湾台風特集」「新型インフルエンザの流行」「ブラジル人による人命救助」など子どもの関心の強い記事が選ばれた。学級全員に話す１分間スピーチとは違い，少人数なので自由に話し合うようにした。いわゆる「コミュニケーション能力」を高めることを目指した。自由といっても放任では力がつかないので，教師は日を決めて順番に班に入り，司会役へのアドバイスをし，わからないことは遠慮せずに，自由に質問する大切さを伝えていった。４月以来，国語辞典を徹底的に使用することを実践してきたが，子どもたちはわからない言葉に立ちどまって，教え合ったり，自分の感想を率直に言ったりしながら，話し合いの中身を少しずつ充実させていった。話し合いカード（資料4.2）の自己評価を見ると，聞く力（態度）が向上していると考えている子どもが増えていることがわかった。子どもたちが社会の出来事に関心を高める機会になった。

資料4.2　話し合いカード

話し合いカード　　　名前（　　　　　　）

しっかりできた A　できた B　もう少し D　もっともっと努力を E

目　　標	ふりかえり	例：25日 国									
○司会者の指示で話し合いをする。	司会の言うことを聞けたか。 司会をしっかり行えたか。	A									
○友達の意見を最後まで聞く。	しっかり聞けたか。	B									
○友達の意見につなげて言う。 ▽…ちょっと似ているんですが， ▽…ちょっと違うんですが… ▽…意味が分からないのですが…	意見をつなげて言ったか。	A									
○どうしてそう思うか，わけを言う。 ▽…です，わけは…だからです。 ▽…調べたら…だったからです。 ▽…にこう書いてあるからです。	わけを言えたか。	D									

しっかりできた A　できた B　もう少し D　もっともっと努力を E

⑤新聞を通して現実に踏み込む—元スーダン大使館医務官の話を聞く—

ときには，グループ学習と全体学習を交互に融合させた。ここで扱った新聞記事の見出しは，「スーダンで医療活動する元大使館医務官」[4)]で，「ひと」欄の人物について話し合った。「学びの力」としては「コミュニケーション力」「読み解く力（リテラシー能力）」「筋道を立てて文章を書く力」の三つを意識して，授業を仕組んだ。

国語で学習した宮沢賢治のような人が，今，現実にもいることを知った子どもたちはとても驚いていた。同時に記事で紹介している川原さんに畏敬の念を抱いた子が多かった。その気持ちを「川原さんへの手紙」という形式で書き新聞社に送った。しばらくして記事を書いた新聞記者からお礼の手紙が届いた。さらに子どもたちの感想文が川原さん本人に届けられ，スーダンから帰国したときに来校し体験話をしてくださることになったのは二重の驚きであった。まさに，新聞学習が子どもと社会を結びつけたといってもいいだろう。

資料4.3　川原さんが紹介された記事

2009年(平成21年)10月26日　月曜日　13版　2

ひと

スーダンで医療活動する元大使館医務官

川原（かわはら）　尚行（なおゆき）さん(44)

多くの子どもがマラリアやコレラで亡くなっていく。だが、日本大使館の医務官としては、現地の人たちを診ることは許されない。

アフリカ北東部スーダンに赴任、10人に1人が5歳まで生きられない現実を目の当たりにした。「おれは何をしているのか」。無力感と使命感。05年に外務省を辞め、現地で医療活動を始めた。住民と同じものを食べ、同じ水を飲む。何度も腹をこわし、粗相した下着を便所で洗い、ポケットに突っ込んで診察した。

年収1700万円から無収入に。援助も無いなかで、助けてくれたのが母校・小倉高校（北九州市）ラグビー部の仲間だった。国連機関に勤める後輩がスーダン勤務になったのを機に家に転がり込んだ。05年秋に活動の基盤となるNPO法人「ロシナンテス」を設立。「1人の力は無力でも、協力すれば大きな力になる」という思いを、ドン・キホーテが乗ったやせ馬の名に託した。

活動資金は小倉高、九大の母校OBら日本からの寄付が頼りだ。年2回帰国し、学校などで講演して支援を呼びかける。「混乱が続く国で子どもたちに夢を持ってほしい。子どもに必要なのは笑顔で遊ぶこと」。現地で学校建設にも取り組む。

北九州市に残る3人の子を養うのは小学校講師の妻佳代さん(43)。「家族を思うと帰りたくなることはある。でもスーダンに骨を埋める覚悟。10年30年たち、自分が生きた後に道が開けていればいいなと思う」

文・山根久美子　写真・藤脇正真

出所：『朝日新聞』2009年10月26日付

【主な学習内容】

①記事からわかったこと，疑問に思ったことなどを蛍光ペンでチェックし，感想カードに書く。
②グループで，自分の感想カードをもとに話し合う。（感想，わからない言葉などを自由に出せるように助言する。）
③グループでの話し合いの後，全員で考える。（下がそのときの記録の一部）
④記事に登場する川原さんに手紙形式で感想を書く。

【授業記録の一部】

（略）

Ｔ１：この記事からわかることや疑問に思うことを発表してください。
Ｃ２：川原さんは裕福な生活を捨てている。
Ｃ３：年収1700万を投げ打っている。
Ｃ４：スーダンの人に尽くそうとしている。
Ｃ５：住民と同じものを食べ，同じ水を飲むなんて大変そう。大丈夫かなと思う
Ｃ６：医務官はなぜ現地の人を診られないのか。
Ｃ７：家族を捨てて行くなんてすごい。

C 8：スーダンの人にやれることをやっている。 C 9：マラリアやコレラは，辞書で調べると似ている病気だとわかりました。　（略） C10：野口英世みたい。 C11：現代にも賢治や野口英世みたいな人がいるなんてびっくりした。 T12：家族のことが書いてあるけど，自分が家族なら，どう思いますか。 （＊切り返しの発問）	C13：放っておかれるからいやだなと思う。 C14：自分が息子なら大変だと思う。 T15：やっぱりそうだよね。 C16：でも人に尊敬されている。自慢ができる。 C17：やりがいのある仕事だと思う。 C18：死ぬまでには帰ってほしい。（略）

【授業で書いた川原さんへの手紙の一部】

私は川原さんの記事を見て感動しました。スーダンの人は10人に１人しか５歳まで生きられないと初めて知りました。「おれは何をしているんだ」という言葉，私は宮沢賢治のような人なんだと，心で強く思いました。…お金を捨ててまでもスーダンの人々を助けたいという気持ちが本当にすごいと思いました。…記事の最後の方に「子どもに必要なのは笑顔で遊ぶこと」と書いてあり，本当に子ども思いだなと感じました。

…先生に「もしも川原さんの家族だったらどうする」と聞かれました。私は「こんなに尊敬されるお父さんだったらお金がなくてもいい」と言いました。

私の尊敬する川原さん，これからも心の広いやさしい川原さんでいてください。

卒業を前にした２月に，子どもたちと川原さんとの出会いが実現した。子どもたちは，映像を交えて川原さんから語られる想像を絶するような事実（アフリカのスーダンでの体験，小さな命が次々に奪われていく貧困の現状など）の迫力に圧倒された。子どもたちは質問したり交流したりする中で心に強く焼きついたことを，その後「卒業記念特集号」の新聞にまとめ，全校に配付した。「オレの魂みんなの心に届け」「スーダンで強いのは人との絆」「信頼

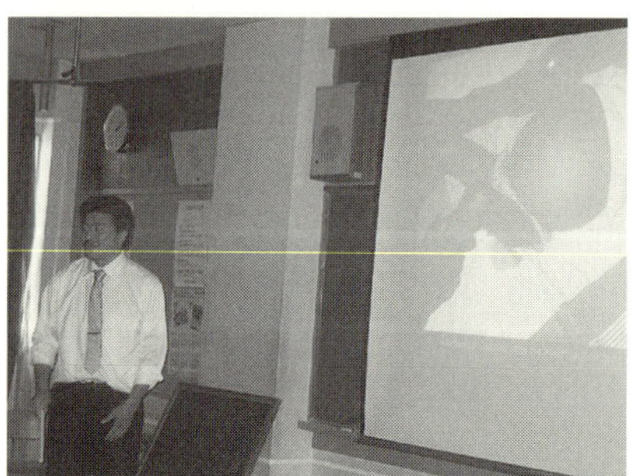

子どもたちに話をする川原さん

資料4. 4　全校に配付した学級新聞「たんぽぽ」卒業記念号

たんぽぽ

『オレの魂みんなの心に届け』

スーダンの強い絆

信頼を築く
～川原さんから学んだ～

文房具送りたい…でも送れない

「スーダンで強いのは
人との絆」と、川原尚行さん

小さな虫で人の命が・・・

約束よりも大事なもの

日本の豊かさに感謝

を築く～川原さんから学んだ～」「小さな虫で人の命が」などの見出しとともに書かれた一人ひとりの記事は，川原さんとの出会いの重さを物語っていた。

医師の家庭に育ち自らも医師を目指している児童は，全校に配付した新聞に「約束よりも大事なもの」見出しをつけて次の記事を書いた。

約束よりも大事なもの

川原さんがどれだけ良いお医者さんかがわかりました。それは島田紳助さんの家に行く時の話です。川原さんは，約束の時間を2時間も過ぎた後に，紳助さんの家についたそうです。何故でしょう。答えは前に診ていた患者さんと話をしていたからです。

川原さんは「ガンがだいぶ進行していてもう会えなくなるかもしれないから話をしていた。」と言っていました。そして「どんな偉い人との約束でも患者さんの方が優先だ。」と言っていました。「患者さんが満足するまで話をしていてあげたい。」とも言っていました。ぼくはその話を聞いて，心を打たれました。

そんなの当たり前かもしれないけれど，川原さんのようには考えずに，時間の方を大切にする人の方が多いと思いました。川原さんの行動が心に残りました。ぼくがもし川原さんの立場だったら時間の方を大切にしたかなと思いました。
ぼくはこの話を聞いて改めて思ったことがあります。それは人との約束も大事だけど，何よりも人の命が大切だということです。川原さんから聞いてまとめたこの新聞の記事を読んでもう一度命について考えてみてください。

この児童が将来医師になったとき，必ずこの川原さんとの出会いが大きな意味をもつと信じたい。

⑥「劇」による戦争疑似体験を価値あるものに
―「はだしのゲン」で戦争の本質に迫る―

安城地域では，「学習発表会」という学校行事が伝統的に位置づけられている。これは，主に劇などで児童の表現力を育てることをねらっている。筆者は，この活動を「総合」「社会科」の学習内容に結びつけ，劇での表現内容や疑似体験を「総合」の探究活動に発展させることを目指した。劇の内容を「総合」の学習内容と深く関連させることで「表現活動の一層の充実」(『学習指導要領』）を図ることができると考えた。

夏休みの課題などで切り抜いた新聞記事の中に，「被爆体験」[5]の記事がいくつもあった。家族を亡くした元プロ野球選手の話や弟を亡くした高齢男性の記事を親子で読み，感想を書く場を設けた。その記事に関連して，安城市にも被爆体験者がいることを話し，来校して話をしていただくことになった。新聞記事などをもとに，質問事項を考え，問題意識を高めるようにした。映像などを交えた被爆者・岡畠修二さん[6]（安城市在住）の話は衝撃的であった。

岡畠さんからのメッセージを受けて，戦争題材を学習発表会の劇で取り上げることにした。題材は，広島の被爆体験を描いた「はだしのゲン」(原作：中沢啓治）[7]である。

爆心地の地図で説明する被爆体験者の岡畠さん

物語自体はフィクションであるが，

資料4.5　活用した広島被爆関連記事と新聞切り抜き帳

「兄ちゃん、水飲みたい…」消えた4歳の命

弟と一心「核廃絶」

長崎で被爆 名古屋の道上さん

ナガサキが「原爆の日」を迎えた九日、被爆者の道上昭雄さん(八〇)＝名古屋市南区＝は、長崎市内の川べりに立っていた。そこは、原爆の熱線で焼けただれた弟が、「お兄ちゃん」と言って死んでいった場所。十年前から被爆体験を語り始め、核兵器廃絶運動に執念を燃やす道上さんの「原点」でもある。（社会部・渡辺孝之）

弟が亡くなった場所で手を合わせる道上昭雄さん＝9日、長崎市内で

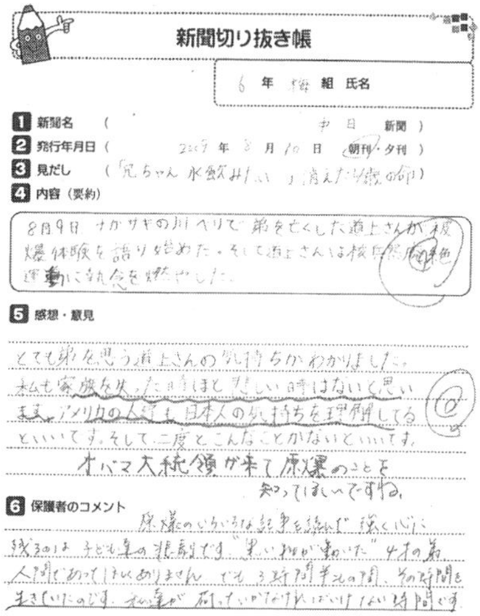
新聞切り抜き帳

6 年 組 氏名

1 新聞名 （中日 新聞）
2 発行年月日 （2009 年 8 月 10 日 朝刊・夕刊）
3 見だし （「兄ちゃん 水飲みたい」消えた4歳の命）
4 内容（要約）
8月9日 ナガサキの川べりで弟を亡くした道上さんが被爆体験を語り始めた。そして道上さんは核兵器廃絶運動に執念を燃やした。
5 感想・意見
とても弟を思う道上さんの気持ちがわかりました。私も家族を失った時ほど悲しい時はないと思います。アメリカの人々も日本人の気持ちを理解してるといいです。そして二度とこんなことがないといいです。
オバマ大統領が来て原爆のことを知ってほしいですね。
6 保護者のコメント
原爆のいろいろな記事を読んで強く心に残るのは子ども達の悲劇です。"黒い物が動いた"4才の弟、人間であってほしくありません。でも3時間半もの間、その時間を生きぬいたのです。私達が守っていかなければいけない時間です。

出所：『中日新聞』2009年８月10日付より作成

歴史的事実を正確に描き，戦争の本質（『現代ジャーナリズムⅠ　歴史』8)）に迫る三つの事実内容を劇の中に入れることに留意した。それは，①中国・朝鮮に対する日本側の政策・意識の誤り（隣人の朝鮮人とゲン一家とのやりとり場面），②治安立法による表現の自由の抑圧（警察官の強権的尋問場面），③公教育の権力統制による国民意識の画一化（ゲンと父親の会話場面）である。

従来行われてきた戦争の聞き取り学習などで陥りやすかったのは，限られた人の戦争体験を聞くことで，戦争の全体像を子どもたちに歪めて伝えてしまうことであると考えた。逆にいえば，劇で演じる場合もその内容をそのまま子どもの意識に植えつけるのではなく，そこから感じたこと，考えたことを次の学習につなげることが大切だと考えた（コラム④参照）。

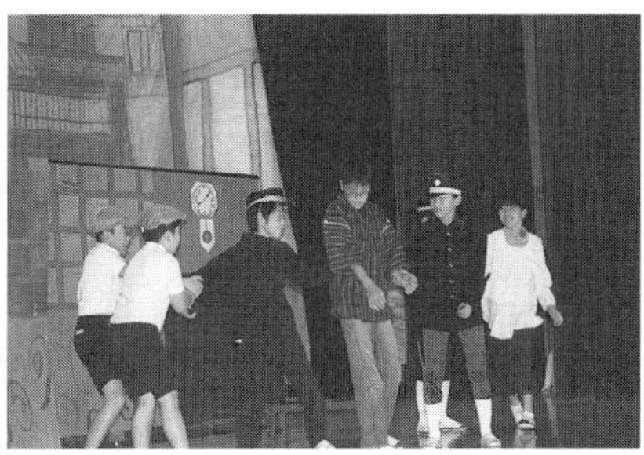
ゲンの父親が連行される場面

劇を演じた後の抽出児の作文

戦争について調べたり，被爆者の岡畠さんから話を聞いたりしていたので，劇には多少自信がありました。最初は劇をやりたくないと思っていましたが，（岡畠さんの）話を聞いて，考えが変わりました。戦争は恐ろしくて醜いものだけれど，伝えなくてはならない，劇でやる価値のあるものだと思いました。

…日本は朝鮮を植民地にし，ひどいことをしていました。罪のない人を無理に働かせて，そのせいで死んでしまった人もいました。聞いただけでいやな気分になります。お互いに憎しみ合うことが戦争のきっかけになると思いました。…劇だけで表現し，伝えるのはとても難しいことですが，みんなでがんばり，1つの劇を完成させたのではと思います。…演じて，被爆地の広島に行きたいと思いました。自分の目で原爆ドームをしっかり見て来たいと私は思います。

⑦「書籍」と「新聞」，文字メディアの活用―戦争劇化体験から調べ学習へ―

そこで，劇の練習と並行して，子どもたちの疑問や問題意識を整理して調べ学習に入った。劇を演じた子どもたちの多くの思いは，「どうしてこんな戦争を始めたのか」「なぜ戦争に反対すると非国民と呼ばれたのか」であった。これらを共通課題にして調べ学習に臨んだ。ここでは，「学校図書館や公共図書館，コンピューターなどを活用して，資料の収集・活用・整理を…（小学校学習指導要領解説　社会編）」[9]の指摘を重視して図書館の本で調べることにした。しかし，学校図書館の戦争にかかわる書籍は，種類・冊数が残念ながら限られている。そこで，安城市中央図書館のレファレンス・サービスを活用して，30数冊の戦争関連の書籍を探し出し，一人1冊以上の書籍を確保した。さすがに公共図書館は子ども向けの書籍資料を多く備えていたので，「問題解決型や探究型の学び」には適していた。子どもたちは書籍の関連箇所に付箋を挟み，教師が用意したプリントに①調べてわかったこと，②わかったことから考えたこと，③出典を明記するなど，基本的な約束事を確認してまとめる作業を行った。適切な書籍資料を子ども自身が探し出すことも大事な学びの一歩だが，今回は本の中から探し出し，読み解くことに主眼を置いた。こうした中で「調べてまとめる」学びの方法も少しずつ定着していった。

調べ学習プリントより

なぜ日本が戦争を始めるのか不思議だった。…当時，日本は輸入に頼っていて大変とは知らなかった。…調べ学習をして，日本の戦争の目的を調べました。そうしたら目的はアジアを欧米の支配から解放して，ともに栄える大東亜共栄圏を建設するということでした。しかし，目的と違い最終的に何でも自国の利益を優先したのですごくおかしいと思いました…。

⑧「賛成・反対」を揺さぶる授業を
―オバマ大統領の「ノーベル平和賞受賞」を考える―

話し合いの学びのスタイルが少し定着し，新聞を読んで考えることができるようになってきたので，２学期後半にはディベート的な討論会を行った。「命と平和」ということで，切り抜きから「オバマ大統領のノーベル平和賞受賞」について考えた。

今回の授業では，記事の内容をそのまま受けとめる傾向が強い児童に，違う立場からの見方を提示することによって，子どもの考えを揺さぶり，多面的に考えるような学習場面を設けた。新聞記事は，児童が切り抜き活動で集めた記事と教師が用意した記事の両方を使った。導入ではまず，受賞を賞賛する声が多く載っている記事[10]（A）を配付した。その記事を読み，記事からわかったこと，気づいたこと，思ったこと，考えたことを書いた。その後グループで話し合った。

資料4.6　オバマ大統領のノーベル平和賞受賞記事

（A）受賞を賞賛する記事

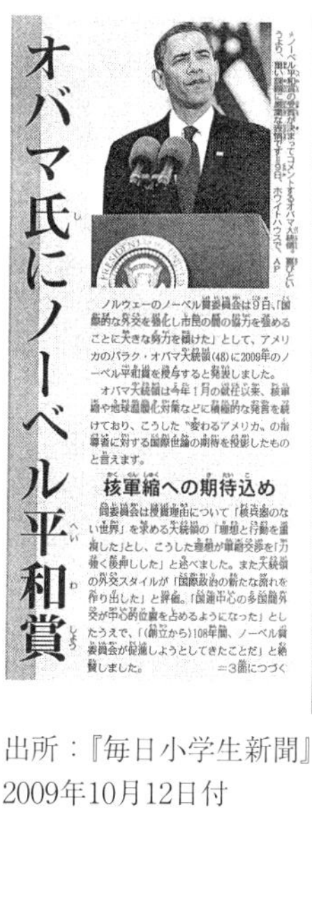
オバマ氏にノーベル平和賞

ノルウェーのノーベル賞委員会は９日、「国際的な外交を強化し市民の間の協力を強めることに大きな努力を続けた」として、アメリカのバラク・オバマ大統領(48)に2009年のノーベル平和賞を授与すると発表しました。

オバマ大統領は今年１月の就任以来、核軍縮や地球温暖化対策などに積極的な発言を続けており、こうした〝変わるアメリカ〟の指導者に対する国際世論の期待を投影したものと言えます。

核軍縮への期待込め

同委員会は授賞理由について「核兵器のない世界」を求める大統領の「理想と行動を重視した」とし、こうした理想が軍縮交渉を「力強く後押しした」と述べました。また大統領の外交スタイルが「国際政治の新たな流れを作り出した」と評価。「国連中心の多国間外交が中心的位置を占めるようになった」としたうえで、「(創立から)108年間、ノーベル賞委員会が促進しようとしてきたことだ」と絶賛しました。　＝３面につづく

出所：『毎日小学生新聞』2009年10月12日付

（B）受賞に批判的な記事

アメリカ国内では戸惑いも

出所：『毎日小学生新聞』2009年10月12日付

「アフガン悪くなった」

出所：『中日新聞』2009年10月10日付

つぎに，受賞に批判的な記事[11]（B）を配付してグループで話し合った後，最後に全体で話し合いをして考えを深めた。

【グループでの話し合いの記録】

（＊「A：受賞を賞賛の記事」を読んで話し合い。）

C１：政治家が受賞したのは９年ぶりだって。

C２：受賞したのはすごい。アメリカの考えが変わってほしい。変えてほしい。

C３：オバマさんが言うように「核廃絶」してほしい。ちゃんとできるように努力してほしい。

C４：受賞をむだにしないようにしてほしい。

C５：平和への道に進んでほしい。

（＊この後，「B：受賞に批判的な記事」を読み考えた。）

（＊「A・B」の記事を読み比べ，グループで再び話し合った。）

C１：意見を言うだけましだと思う。

C２：でも，アフガニスタンはどうかした方がよい。

C３：私は記事は言い過ぎだと思う。

C４：10か月たったら何かするべき。何にもしてないよ。

C５：でも，そんなにすぐ解決するわけないじゃん。

C６：オバマ大統領は言っただけじゃん。

（略）

【全体の話し合い記録の一部】

（＊グループでの話し合い後，全体で話し合い，考えを深めた。）

（略）

T　：オバマ大統領は口で言っているだけかな。

C１：言うだけで行動していないから，受賞は早すぎると思う。

C２：記事では悪口を言い過ぎだけど，アフガンは実際に悪くなっている。

C３：それにオバマは「戦争はもうしたくない」とは言っていない。

C４：アメリカはまだ，戦争をやっている。口だけではだめだ。

C５：ぼくはオバマ大統領には頑張ってほしいし核廃絶につなげてほしい。

C６：今までの大統領は「核廃絶」も言えなかった。
今度はそれを言った。

C７：ぼくは，大統領はアメリカの利益を考えているだけだと思う。

C８：それに説得力がない。北朝鮮のテポドンのときに何を言ったかと思う。

C９：私は今回のオバマ大統領の受賞はアメリカ国民が考えるきっかけになったと思う。

C10：行動に移してから，受賞すればいい。

C11：やっぱり受賞は早すぎると思う。

（略）

【抽出児の考えの変化】

〈A の記事を読んだ後〉

①何事にも積極的に発言しているので，いつかは受賞するんじゃないかと思っていました。やっぱりすごいと思いました。

〈B の記事を読んだ後〉

②私は，オバマ大統領が発言していると思ったけど，言葉だけでまだ何もしていないという考えもあるんだと思いました。

〈全体の話し合いの後の感想〉

③私は，オバマ大統領はノーベル平和賞を受賞したんだから，これからも頑張ってほしいし口ばっかりだったらだめだと思います。「まだ何もしてない」じゃなくて，「活動もしっかり頑張っている」にしてほしいです。だから私は賛成か反対か迷っています。

【受賞賛成派の意見の一部】

★ぼくはオバマさんには，今後こういう批判などをバネにして核廃絶に取り組んでほしい。核廃絶と言っただけでもすごいから，これを実行に移してやっぱりすごいと言えるような大統領になってほしい。

子どもたちは賛否両論の中で，「アメリカはまだ戦争をやっている」「受賞はアメリカ国民が考えるきっかけになる」など，「平和賞受賞」について一面的な見方でなく，多面的な感想を書いてきた。タイムリーな問題で子どもたちは自分の考えを深めることができた。

⑨ディベート型授業を作る―広島・長崎のオリンピック開催立候補を考える―

つぎに，新聞によってさまざまな見方があることに気づいてもらう意味もあって，複数の新聞記事（中日，朝日，毎日，産経など[12]）を同時に使った。また，同じ紙面の中にも多様な意見があることを伝え，賛成派，反対派の主張の中身をとらえさせた。この後は，両派に分かれてディベート型討論を行った。

1時間にわたって真剣な議論が続いた。「平和」と「オリンピックの意義」などについて，真剣な意見が出され，授業後の意見文でも，深い洞察がなされた内容が多かった。自分とは異なる意見や考えを聞いて，一面的でない多面的な見方をするようになった。この議論自体を「とても楽しかった。もう一度やりたい」と記す子もいた。

資料4.7　広島・長崎オリンピック開催立候補関連の記事

「五輪 核廃絶の象徴に」

20年夏季共同招致 広島、長崎市長が表明

「大歓迎」「争いのイメージ」

広島、長崎五輪招致へ 地元住民 思い複雑

五輪招致の検討委員会設置について田上長崎市長と記者会見する秋葉広島市長＝11日午後、広島市役所で

出所：『中日新聞』2009年10月12日付

抽出児童の意見文の一部

★私は広島・長崎のオリンピック開催に少し疑問を感じる。もちろん核が非常におそろしく，それを伝えなくてはいけないことはわかる。しかし，PRという目的のためにスポーツを利用していると思う。PRは大切だ。しかし，オリンピックは国と国同士が争うので，敵対視のイメージがあまりにも強く，純粋に平和の祭典とは言えないと私は思う。

わざわざ，五輪を使わなくても，平和イベントを開く方がいいと思う。核廃絶宣言などはオバマさんが行い世界へのメッセージはされている思う。私はやはり，スポーツと平和のイベントは合わないと思う。

賛成派児童の意見文の一部

☆ぼくは開催に賛成だ。日本は「核をなくして」と言ってるけど，知らない人も多いので世界の何億人かが見るので，すごいPRになると思う。でもぼくは二つの都市でやるのはやめた方がいいと思う。二つの都市でやると選手が万全の体調でできなくなりそうだから，やめた方がいい。討論会をやって，どちらにもメリット・デメリットがあると思った。デメリットを少なくして原爆のことを知ってもらい，さらに楽しいスポーツの祭典にすればいいと思った。

（3）未曾有の大震災・惨事を前に

①今できることを，第一歩に―新聞で震災を振り返る―

この節は，前述までの報告・提案と異なり，単元全体の実践を終えたものでなく，現在進行中のものである（2012年度）。また対象にした震災にかかわる社会的な事象も日々刻々変化しており，実践内容も問題点が多くあることだろう。後に続く若い教師の皆さんの意欲的な実践を期待すると同時に，批判も仰ぎたいと考えている。

ところで，未曾有の大惨事となった東日本大震災によって極めて多くの「かけがえのない命」が奪われた。この大震災の惨事を前にして，教育現場では行うべきことが多くあると思う。しかし，被害の大きさや深刻さを知るにつけ，どこを入り口に学びを展開していけばよいのか，正直途方にくれてしまうこともある。「新聞教育」と関連させる形で，年度当初にまず，次のような構想を考えた。

単元名：第６学年「かけがえのない命」（70時間扱い））

【年間指導計画】

月	4	5	6	7	8	9	10	11	12	1	2	3
単元	命にかかわることや人について調べよう（24時間）				戦争について調べ考えよう（30時間）				命について考えたことを発表しよう（16時間）			

【単元の概要】

未曾有の大惨事となった東日本大震災によって多くの「かけがえのない命」が奪われた。「命」の重さを実感するには「生」と「死」を具体的にとらえ，考えることが大切である。そこで本単元では震災を取材した記者や地雷撲滅を目指す若者，海外で医療活動に取り組む医師などとの交流を通して「命」の尊厳について学ぶ。また同時に戦争や災害，貧困，病気などと闘う勇気ある人々の生き方について考える。

【単元の目標】

○命にかかわる人やこと・ものを通して日常生活や社会に目を向け，自己の

生き方を考えることができる
○多様な方法・手段で情報を収集し，整理・分析，表現できる。
○問題解決や探究活動に，主体的・協同的に取り組むことができる。

【単元の展開】

主な学習活動	主な指導上の留意点
「命」にかかわることや人について調べよう　（24時間） 1「命」のイメージマップを作る 2病気と闘う友だちと交流する 3東日本大震災後の状況について調べ，考える 4大震災を取材した新聞記者に話を聞く 5震災で安城に避難してきた人の話を聞く 6震災について意見文を書き，新聞に投稿する	・「命」のイメージマップを作り，具体的な人・ことなどを想起させる ・「命」にかかわる新聞記事の切り抜き活動を継続して行う ・震災関係の記事と取材記者の話から東北の現状を考える ・国語「新聞の投書を読み比べよう」「私の意見を書こう」と連携する ・東北から避難した人に直接話を聞き，現実の大変さを学ぶ ・読み手を意識して投稿文を書くよう支援する
戦争についていろいろな方法で調べ，考えよう　（30時間） 1新聞切り抜き活動で戦争について調べる 2戦時下の動物園の様子を記録した作者の話を聞く 3戦争に関するものを集めたり，本で調べたりして，学習発表会で「戦争」を演じる 4地雷撲滅運動に取り組む大学生の話を聞いて自分たちにできることを考える	・夏休みの課題として，新聞切り抜き活動をすすめる ・国語「ヒロシマのうた」，社会「戦時下のくらし」と連携する ・戦時下の東山動物園の様子を記録した作者・小出隆司さんの話を聞く（記事やビデオで下調べをする） ・学習発表会で「走れ！ゾウ列車」を演じる ・地雷撲滅運動に取り組む柴田知佐さんの話を聞く
「かけがえのない命」について自己の考えを深める　（16時間） 1スーダンで医療活動に取り組む医師の話を聞く 2にしきっ子の会や学年新聞で学習したことを報告・発表する	・国語「資料を活用して書こう」と連携する ・スーダンで働く川原尚行医師について事前に調べ学習をしておく ・パネルディスカッションや新聞で自分たちの学習成果を発表する

子どもとともに「命」の重さを実感するには，「生」と「死」を具体的にとらえ，学んでいくことが大切であると考えた。そのように学ぶことは，6年生の児童にとって，時に心痛む学習場面も予想された。しかし，大震災の現状や失われた「かけがえのない命」を具体的に学ぶことは，「現代」を生きる6年生にとって，「総合」の最も重要な学習テーマの一つであると考えた。

資料4.8　「3.11」関連記事

津波の記憶ストレスに

子ども「お風呂怖い」

プールの季節　心のケア急務

東日本大震災の津波で，濁流の恐怖を思い出して，今も風呂に入れない子どもたちがいる。東北地方ではこれから梅雨や夏のプールの季節に入る。専門家は「津波とは違うと具体的に話し，安心させてほしい」と呼び掛けている。（丸田稔之，写真も）

自宅が流された子どもたちが暮らす仮設住宅。心に津波の恐怖が残る子どもたちがいる＝宮城県名取市で

先月末に台風2号の大雨が被災地を襲った。宮城県名取市の仮設住宅では屋根を打つ雨音が響いた。自宅が流された主婦遠藤多美子さん(39)の次男(3)は「ママ，また津波が来る」と騒ぎ，パニックに陥った。

遠藤さんは三月十一日，大津波警報を知って海辺の自宅から次男と一歳の三男を連れ，小学四年の長男(9)を迎えに学校に向かった。校舎に着くと，「津波だ，上がれ」との声が聞こえ，校内に逃げ込んだ。

家や人をのみこんだ津波を見た三男は震災後，浴槽の水面が揺れるのすら怖がるようになった。おもちゃを浮かべ，気を紛らわせようとすると，激しく泣き叫んだ。今もシャワーで入浴を済ませる日がある。

次男は気に入らないことがあると「津波で流されちゃえばよかったのに」とつぶやき，上着を脱いで振り回す。

他の仮設住宅でも，「小学生の男の子が赤ちゃん返りし，母親に甘えてばかりいる」「自宅を流された幼児がかばんに人形を詰め込み，肌身離さず持ち歩いている」など，子どもたちの変化を心配する声が親たちから出ている。

生徒十四人と保護者二十一人が亡くなった名取市閖上中の熱海留教頭(55)は「津波に巻き込まれ，泳いで助かった男子生徒もいる」と振り返る。「水の話は子どもたちへの影響が大きい」と話し，国語や社会で震災の話は避け，今夏はプールの授業を行わない。スクールカウンセラーが常駐し精神科医も来校して生徒をケアしている。

被災地でカウンセリングや講演を行っている早稲田大の本田恵子教授（教育心理学）は「特に幼い子は震災後，現実と過去の区別ができなくなっている。新しい記憶に塗り替え，恐怖心を乗り越えることが大切。大雨の時は天気予報を伝えて『津波じゃないよ』と声を掛け，プールはひざ丈の水で慣らしてほしい」と話している。

出所：『中日新聞』2011年6月13日付

単元の導入部で作った「命」をキーワードにした「イメージマップ」には，「戦争」「病気」「大震災」「ボランティア」「絆」などが出てきた。

でき上がった「イメージマップ」をもとに，少しずつ関連する新聞記事の切り抜き活動を進めていった。

「はじめに」で書いたように，特に「3.11」以後の「原発報道」に関しては，筆者自身もテレビや新聞の報道には，批判や不満が多くあった。しかし，被災住民に寄り添い，報道を続けた新聞記事も数多く，心打たれた。

このような中で「新聞カリキュラム」などを活用して，新聞への興味・関心を高めながら震災に関する記事を，毎日発行する学級通信「つばさ」で紹介していった。例えば，資料4.8のような内容の記事である。

また，「総合」で「命」を学ぶとき，忘れてはならない子どもがいた。6年生には，現在，難病と闘っている友だちＰ君がいる。しかし，現状では登校はままならず，6年生の子どもの心の中にはＰ君の存在感は極めて薄いものになっていた。そこで，P君と両親を励まし，命の尊厳を具体的に感じる場として，P君との出会いの場を設定した。車いすのP君に出会い，両親の心からの訴えを聞いて子どもたちの心は動かされた。

直後に書いた子どもの手紙には，次のように記された。

☆ぼくはPくんを見て，「苦しいよ，つらいよ」という気持ちが心ににじむくらい伝わりました。Pくんのお父さん・お母さんの話を聞いて病気のことや病気がいつできたかなどを聞いて，心がぐっとなり，つらさもすごく心に伝わりました。

☆初めてPくんと会いました。しゃべらなかったけれど，手を動かしてあいさつしているようでした。お父さんやお母さんの話も聞きました。重い病気にかかっているPくんを助けたい気持ちがよく伝わりました。幼稚園のころから病気にかかっていて，すごくがんばっていることを知りました。みんなが応援しているので元気になって学校に来て欲しいと思いました。元気な姿で学校にきてください。

病気と闘う本人や家族には，子どもたちが想像できない葛藤（かっとう）や不安がある。その思いに近づくには，想像力をもつことが大切だ。そのためには，「病気」や「災害」「戦争」などで苦しむ子どもがいるという現実を直視する必要があると考えた。P君と出会い，母親の心からのメッセージを聞いた子どもたちは，予想以上の温かい気持ちを手紙で伝えた。

②大震災を伝えられる大人に―震災取材記者の体験談を聞く―

このような中，つぎに「イメージマップ」で出てきた「東日本大震災」について取り上げた。震災直後の新聞記事などを読み，当時の状況を改めて考えた。被災した子どもに関する記事を読み，感想などを紹介しあった。自らも被災しながら，他人に気配りする記事中の大人の行動に心打たれた児童もいた。

筆者はこの年，学級通信「つばさ」を毎日発行していたが，折に触れ，新聞に関する内容や震災関連の記事を紹介していった。このようにすることで，子どもたちの「総合」への学習意欲が高まっていった。

テレビでわからないことも／自分のことで頭がいっぱいなのに

☆３月11日はいろいろなことが起こっていたけど，新聞はあまり知らないことを知ることができるということがわかりました。いつもは新聞をとってないから読んでないけど，新聞はテレビでやっていないようなことがたくさん載っているので興味をもちました。

☆私は自分のことじゃないのに，人々を助けている消防隊員はすごいと思いました。自分のアルバムでもないのにかわかしてあげるなんて，とってもやさしい人だと思いました。知らないランドセルを拾ってあげて，その持ち主も探してあげるなんてすごい親切な人だと思いました。

☆ランドセルの持ち主を探している男性に対して，私は被害にあっているのは自分なのに人を助けることができるのかと思った。自分だったら逃げることばかりで頭がいっぱいになり，人を助けるよゆうがないと思う。

☆地震があった時，ぼくはクラブで全く気づきませんでした。もし自分の家族・家が東日本にあったら，地震の巻き添えになって，ぼくは耐えられないと思います。この記事を読んで，男の人はすごいと思いました。地震があってズボンがびしょぬれなのに，となりの町から流れてきたランドセルをひろい，「このランドセルは避難所に持っていかないかん」と言っていて，持ち主のことを思っていてすごい人だと思いました。

次の学びとして，震災取材の体験をもつ新聞記者の取材体験談を聞くことにした。震災直後に名古屋から新聞社機で空路東北に飛び，取材にあたった社会部記者が新聞社の協力で来校してくれることになった。来校予定の記者が書いた当時の記事（新聞社のデータ・ベースなどを使って検索）やその後の記事などを読み，感想を述べあい，質

資料4.9　学級通信「つばさ」

つばさ

安城市立錦町小学校　６年梅組

２０１２年５月２８日（月）学級通信　No. ３４

友達は何を感じたか？

～記事を読み，話し合う～

東日本大震災直後に現地（宮城県仙台市）入りした丸田記者の記事を読み，グループで話し合ったり，感想を書いたりしました。友達の感想を紹介します。友達はどんなことが心に残ったのでしょうか。

仙台・若林区　救助続く

泥水　思い出も流す

津波の犠牲になった二百～三百人の遺体が発見された仙台市若林区。住民が避難し、静まりかえった町で全国から集まった消防隊員や警察官、自衛隊員が取り残された住人の救助を続けている。

高齢の男性の声が、住民のいない町に響いた。「大丈夫か～」。ズボンの膝下まで水に濡れながら大声を張り上げ、家々を回る。背中に背負っていたのは水浸しの赤いランドセル。「このランドセルは避難所に持って帰らないかん」

男性は隣の小学校区から流れ着いた赤いランドセルを拾った。名前と住所が書いてあった。「わしにも小学生の孫がいる。ランドセルは大事な物。避難所で女の子を捜し出して届けてやらんと」

現場では、被災者の思い出の品々が泥水に漬かっていた。赤ちゃんを抱く母親や友だちと輪になる高校生など、スナップ写真のアルバムが何冊もあった。誰かが水から引き揚げ、乾かしてあるアルバムも。

救い出された被災者の表情は険しい。唇をかみ、涙を浮かべながら家族を先導する初老の男性。高齢女性は担架の上で身を震わせ、うめき続けた。進入しにくい倒壊現場ではヘリコプターでつるして救助した。毛布でくるまった遺体を乗せた担架も。救助に来た隊員は重い足取りで脇を通り過ぎた。

道路は泥でぬかるみ、靴底から離れない。泥水が膝まで漬かり、足を止める。遺体のある海水浴場を目指し、三～四㌔ほど進むと、水位は腰より高い位置に。大津波警報のサイレンが鳴った。隊員らも、住民も安全な場所へ引き返し始めた。

（中村禎一郎、丸田稔之）

出所：『中日新聞』2011年３月13日付より作成

問を考えた。

質問は，まず個人レベルで考え，次にグループで練り上げた。話し合いがうまくいかないグループには教師が司会者として入り，適切な質問内容を考えていった。最後にグループごとに考えた質問項目を黒板に掲示し，全員で取捨選択し，整理していった。

整理されたのは，次のような質問（抜粋）であった。

○名古屋から仙台まで飛行機で行きましたが，どういう気持ちで仙台まで行きましたか。仙台市を上空から見たとき，どんな感じでしたか。
○仙台の被災者に取材したとき，泣きそうになったと書いてありましたが，どういう気持ちで取材しましたか。
○今回の震災場所に行って一番感じたこと・考えたことは何ですか。
○津波で流されたものを持ち主に届けたりしている被災者を見てどう思いましたか。
○被災地の子どもの表情や気持ちはどうでしたか。
○自分が書いた震災関係の記事の中で一番取材するのに苦労した記事は，あるいは悲しかった記事は何ですか。
○写真だけでは伝わらない震災地の風景や記事を読んだだけではわからない被災者の思いというのはありますか。あるならば，詳しく教えてください。
○東北の震災（地震・津波）を通して新聞記者という仕事をしていて良かったなあと思うことはありますか。

また，「記者の話を聞く会」の授業に際しては，社会部記者と事前に数回にわたって電話とメールでやりとりをして，筆者の授業意図を伝えるとともに，細かい留意点などを確認した。他の章でも述べたが，外部講師との打ち合わせは極めて重要である。できれば直接，無理であれば，今回のようにメールなどで意図や要望などをていねいに確認しておくことが大切であろう。そうすることが，双方にとって実りある出会いにつながる。

当日，社会部記者は事件取材で忙しい中，取材で撮った写真などを用意し授業に臨んでくれた。授業時間として，2時間をあて，前半は社会部記者の話を，後半は子どもたちの質問時間にあてた。震災直後に被災地に入った社会部の丸田稔之記者の話と写真は衝撃的であった。子どもたちは熱心にメモをとった。６年生の３クラス全体での「記者から話を聞く会」であったが，ほぼ同じような事前学習をして臨んだので，質問なども効率的に行うことができた。直後に書いた子どもたちの第１次感想を学級通信で紹介した。

日ごろの避難訓練が大切

☆仙台まで飛行機で行くとき，とてもこわかったと言っていたので，そうとう（被害が）ひどかったんだと思いました。学校の屋上まで水が来たなんて初めて知りました。考えたことは，やっぱり日ごろの避難訓練が大切だということです。

お葬式ができなかった人も

☆震災にあってないところは，もし人が亡くなってもお葬式やお墓を用意していていつでも供養（くよう）することができる。けれど，震災地の人たちは亡くなってもすぐにお葬式などができず，亡くなっている人がいても，白旗を立てておいて後で一人ずつ運んでいく。私はそれを聞いてとても悲しかったです。埋もれたままの人もいるので，早く出してあげてお葬式をちゃんと用意してあげてほしいです。

がれきの片づけが大変

☆大人でもがれきを片づけることはできないということは，がれきを片づけるのにとても大変だったことがわかる。ほぼすべての家がこわれてしまっているので，とても苦しい思いをしてると思う。

記事一つに苦労が

☆私は，記者は見たことや人の思っていることなどをすぐ記事に書けると思っていました。記事を書くのに，そんなに苦労しているなんて知りませんでした。また今度丸田さんの記事を見つけたら読んでみます。

同じ体験談を聞きながら，子どもの心に映る「大震災」は当然とはいえ，さまざまな様相を見せていることが第１次感想から伝わったきた。大切なのは，自分自身の言葉で「大震災」を語ることができるかどうかであると思う。

③新聞にまとめ，深く考える力を―自分の思いを記録に残す―

「新聞教育」のもつ重要な意義・価値は言語体験を育み，考える力を深化させる点である。特に，「新聞作り」はその成果が最も期待できる。「記者の話を聞く会」の後，数時間かけて「震災特集号」作りに取り組んだ。

子どもたちは聞き取りメモを整理し，学級新聞の第１次原稿を仕上げた。その後で，第１次原稿を読み返し，グループで推敲し，表現の手直しを行った。

続いて，グループごとに学級新聞の「震災特集号」にまとめていった。

新聞作りは慣れるまでに多少時間がかかり，手間ひまがかかるので，子どもにただ書かせただけで終わりになるケースも見られる。そこで終わると，新聞作りの魅力や価値も，学力の向上も実感できないままになり，ことさら新聞作りを学習材にする意味がなくなる。時間を生み出す一つの方法として，「総合」と教科学習の計画的な連携以外に，専用の割り付け用紙の活用がある。専用の割り付け用紙（注：筆者が独自につくったもの）を使えばかなり時間短縮もできる。今回もその方法で臨んだ。

ただ，注意しなければならないことは，「新聞の基本」を理解していないと，一通り形が新聞になっているだけで，実は新聞作りの価値を伴っていないケースがあるということだ。例えば，トップ記事に「○○について」などの見出しがついているケースである。見出しの役目や書き方を少しでも学んでいれば防ぐことができる。具体的には，「記事の中からキーワードを探す」「10文字以内

資料4. 10　学級新聞「夢希笑」

戻らない命・大切な命
忘れない　がれきに立った白旗
夢希笑
がれきの片づけが大変
テレビでは分からない震災
丸田さんにインタビュー

丸田記者に聞いた
真実の東日本大震災
夢希笑
感動！キセキの一本松
記者の人にも書けない記事が…
木も命をもっている！

で表す」「たとえを使う」「倒置法を使う」などである。あるレベル以上の見出しをつけられるようにするためには，一般紙の「面白見出しを探す」「写真付き記事で見出しを考える」などの活動と結びつけていけば，経験の浅い子どもにも有効である。今回もそのような指導を行った。

子どもたちは，自分の記事原稿のキーワードを見つけ，10文字前後で見出しをつけていった。悩む子には教師が個別にアドバイスを行い，励ました。児童Zは「戻らない命・大切な命～忘れない　がれきに立った白旗～」と見出しをつけ，次の記事をまとめた。

戻らない命・大切な命　忘れない　がれきに立った白旗

私は5月31日，新聞記者・丸田稔之さんから話を聞きました。

3月11日，私たちがクラブの時間，丸田さんは小型飛行機で東北に向かっていました。わたしが家に帰ってきた時，マンションのとなりの子に「大変なことになっちゃった」と言われました。リビングについて最初に目に入ってきたのは津波でした。ずっとテレビを見ていると心が痛くなりました。

丸田さんの話を聞いて「悲しみ」と「笑顔」が心に残りました。一つ目は一本松です。何もない陸前高田市で夕日に照らされている一本松がすごく心に残りました。二つ目は日本の人の笑顔です。丸田さんの写真を見て，家をなくした子どもと先生が塾を始めて笑顔になるところを見て，私も笑顔になれました。

ですが，お話を聞いて悲しくなることもありました。それはがれきに立ててある白旗です。がれきの中に人がいるのに一番後に探すなんてひどいと思いました。はやくさがしてあげればいいと思います。

丸田さんの東北大震災の写真や話を見れたり，聞けたりできて本当によかったです。この話で命の大切さが分かりました。（児童Z）

記者自身の仕事に思いを深めた子もいた。「自分が書いた震災関係の記事の中で一番取材するのに苦労した記事は何ですか」という質問に対して，丸田記者は一家全員が亡くなった家族のことを話した。丸田記者は，この家族が被災地にいたことを記録にとどめておきたいと思いながら，できない無念さを語った。そのことに胸を打たれた児童Pは，次のような記事を書いた。

子どもたちが将来，班ごとにまとめた「震災特集号」を見たとき，風化しがちな震災への思いを新たにすると信じたい。

記者の人にも書けない記事が

私が一番驚いたのは，記事にすることができないことがあるということです。東日本大震災で家族全員がなくなり，詳しいことが聞けないということした。私は記者の人なら何でもかけると思っていましたが，実際はそうではありませんでした。取材の相手の気持ちも考えなければいけないので，大変なお仕事なんだと改めて思いました。丸田記者が，震災の被災地で信じられない光景は「被災地のすべて」だそうです。でも，どんなこわいことが起きても記者の人は取材をします。それが本当にすごいなあと思いました。私だったらにげてしまうと思います。「新聞を読む人のために」という気持ちにとても考えさせられました。

（児童P）

④少人数で話し合う力を伸ばす―がれきの処理をどうする？―

新聞作りの後は，震災をさらに身近な問題としてとらえるために，子どもの感想に出てきた「がれきの受け入れ」について考えることにした。

各自治体によって「がれきの受け入れ」状況が違う現実をとらえ，「自分たちの町ではどうするのがよいか」を考えることにした。

学級通信で，まず，①がれき受け入れを表明した自治体に，感謝の手紙を岩手県の中学生が送ったという記事，ついで，②がれき受け入れを表明した自治体で，賛否両論あるという記事を提示した。それぞれの記事について自分の考えをまとめさせ，話し合った。

「司会の手引き」を用意し，「賛成・反対」双方の立場を考えた。身近なことだけに，活発に意見を交わした。話し合いがスムーズにいかない班には教師がずっとつき，司会者を育てるよう努めた。

予想されたことだが，この段階では，心情的に被災地に心を寄せる子どもたちは，圧倒的に「がれき受け入れ派」になった。「がれき受け入れ」問題に関して，最後に出した記事は，安城市の隣の自治体で行った住民アンケートの結果である。住民のアンケートでは圧倒的に「受け入れ拒否」の意見が多かった。子どもたちは，隣の市の住民たちと自分たちの考えとあまりに異なるアンケート結果に驚くことになった。

「がれき受け入れ」に関する話し合いは時間切れで，未消化なまま終わった

資料4.11　学級通信「つばさ」

つばさ　安城市立錦町小学校　6年梅組
2012年6月6日（水）学級通信　No. 41

震災地の「がれき」はどうなるの？

～新聞記事を読んで考えよう～

丸田記者への感想文に「がれき」のことが書いてありました。被災地の人にとって「がれきの処理」は大変重要な問題です。

今日は下の新聞記事を読んで考えてみてください。「がれきの問題」をしばらくみんなで考えたいです。

島田市 がれき受け入れ表明

中学生から感謝の手紙

岩手県山田町の中学3年生から桜井市長あてに届いた感謝の手紙＝島田市役所で

岩手・山田町の古久保君

岩手県大槌、山田両町の震災がれきの受け入れを正式表明した静岡県島田市の桜井勝郎市長に、山田町山田中学校の前期生徒会長、古久保悠太郎君(15)＝三年＝から、感謝の気持ちを伝える手紙が届いていた。（1面参照）

古久保君はテレビのニュースで、桜井市長が被災地を励ますインタビューを視聴して感激。市長の「被災地の子どもたちがあんなひどい状況で勉強をしているんだ。少しくらい私たちも痛みを受けないと」との言葉に、涙が出るほど感動したと記している。

がれきの山は少なくなり、店なども少しずつ復活してきた山田町の現況を報告しながらも、「元に戻るにはあと何年かかるか見当もつきません」と不安な胸の内を率直に吐露。「今回のがれき処分は復興への確実な一歩」との思いを記し、市長はじめ、がれきの処理に携わった人たち、島田市民への感謝の気持ちをつづっている。

震災で古久保君の家は難を逃れたものの、周囲は大きな被害を受け、友人の中には今なお悲しい思いをしている人もいるという。それでも「私たちは前に進まなければとの思いから、日々明るく過ごしている」とも書かれていた。

手紙を受けた桜井市長は「一トンでも多く受け入れたいとの気持ちがあらためて募った。少しでも子どもたちの環境が整うことを願っている」と話している。

2012年3月15日付 中日新聞より

出所：『中日新聞』2012年３月15日付より作成。

資料4.12　「3.11」がれき処理の記事

がれき処理 8割反対

碧南火力隣接地　町内会で98人投票

愛知県が計画する震災がれき受け入れの候補地となっている中部電力碧南火力発電所に隣接する碧南市の川口町町内会（河江光弘町内会長）は三日、受け入れの賛否を問う投票を地元の集会所で実施した。反対八十七票、賛成八票、無効三票と反対が多数を占めた。

町内会は四日、結果を禰宜田政信市長に報告し、中電にも伝える。条例に基づく住民投票ではないため、法的拘束力はないが、県や市の受け入れの判断に反映させたい考え。

二百十八世帯四百九十六人（四月末現在）のうち、町内会正会員となっている九十八世帯の代表者と、企業七社の代表者計百五人に投票権が与えられ、九十八人が投票した。

愛知県は、受け入れ候補地に焼却施設や仮置き場、埋め立て用最終処分場を整備した場合の生活環境への影響調査や、がれき受け入れの独自の安全基準づくりを進めている。

県は碧南火力発電所のほか、知多市にある人工島・名古屋港南5区、田原市のトヨタ自動車田原工場の計三カ所を、処理施設建設の候補地としている。

出所：『中日新聞』2012年６月４日付

つばさ　安城市立錦町小学校　6年梅組
2012年6月7日（木）学級通信　No. 42

「がれき受け入れ」はどうする？

～君はどちらの考え？　「がれき受け入れ」賛成？　反対？～

昨日は，震災地のがれきを受け入れてくれた市長さんあてに，震災地の中学生がお礼の手紙を送ったという記事について話し合ってもらいました。

今日の記事はそれとはちょっと異なっています。記事を読んで，「がれき受け入れ賛成・反対」それぞれの言い分を考えてみましょう。

熊谷市　**震災がれき受け入れ了承**　横瀬町

地元に賛否

「困った時は助け合わないと」「何かあった時は手遅れ」ー。30日、岩手県北部の震災がれきを地元セメント工場で受け入れることを了承した熊谷市と横瀬町では、賛否両論が上がっている。（宮本隆康、羽物一隆、杉本慶一）

「復興に少しでも役に立てば」

「放射性物質がゼロではない」

（2012. 5. 31　中日）

出所：『中日新聞』2012年５月31日付より作成

つばさ　安城市立錦町小学校　6年梅組
2012年6月25日（月）学級通信　No. 54

私はこう考える「がれきの処理問題」

4人の意見　～新聞切り抜きの感想より～

「総合」の「かけがえのない命」にかかわる学習で，新聞記事の切り抜きに取り組んでもらいました。何人かの人が同じ記事について感想を書いてきてくれたので，それを紹介します。

４人は６月１６日付け中日新聞「震災がれき　被災者の痛み忘れず」（裏面に印刷）の見出しのついた記事を読んで感想を書いてくれました。

☆わたしはがれきを受け入れるのに賛成です。考えれば，被災地の人はがれきの中でくらしています。放射性物質の量は体に影響がでるほどの量ではないと言っていたので，できるだけがれきをたくさん受け入れたいです。そして，早くきれいな日本にもどってほしいです。

★がれきを受け入れるのはむずかしいと思うけど，受け入れた方がいいと思う。そのためには，しっかり住民に「安全だ」ということを知らせることが大切だと思う。住民もいくら説明不足だからと言って，すごく反対するのはひどいと思う。被災地の人は愛知県の人たちより何倍も苦しい思いをしているのに，反対し過ぎるのはひどい。そして私たち自身も被災者の苦しみを忘れないようにしたい。

☆私はこの記事を読んで，がれきを受け入れるのはとてもむずかしいということが分かりました。私もこの記事と同じ考えで，愛知県はがれき受け入れを約束しているので，言葉を裏切らずに論議をすすめてほしいです。たしかに，がれき受け入れを反対するのは被災者が悲しんでしまうと思います。なので，被災者の気持ちを忘れないようにしたいです。

★私はこの記事を読んで，たくさんの量の震災がれきが残っている中，他の県の人たちは健康被害や風評被害などの不安でがれきの受け入れをしないのはひどいと思いました。街の復興のためにも少しでも多くの量のがれきを受け入れることが必要だと思いました。そのためにも多くの人ががれき受け入れを賛成してくれる人が増えるといいです。

がれきの処理については賛否両論さまざまな考えがあります。新聞にはいろいろな意見が載ります。私たちはいろいろな意見に耳を傾けて考えを深めることが大切です。

部分もある。しかし，6年生の子どもたちでも，真剣に取り組むことができただけに，若い教師の皆さんが積極的に震災関係の問題に取り組んでほしい。ただ，「新聞教育」に限らず社会的に対立する問題を教室にもち込むとき，気をつけなければならないことがいくつかある。最も大事なことは，教師が意見や感想を一方的に言って，子どもを誘導してしまうことである。今回の「がれき受け入れ」に関していえば，心情的に「受け入れ派」に傾く子どもたちに，あえて「がれき受け入れ拒否」の現実を示した。できる限り対立する両者の主張と事実を示したうえで，学年レベルに合ったディベートや話し合いを展開すべきであろう。

⑤原発問題を考える—教師志望の教育大生とともに—

「3.11」の大震災では取り上げる課題が数多いだろうが，筆者自身ちゅうちょしていたのが，原発の問題である。一歩踏み込めば，専門的な知識が必要とされるし，小学生レベルには難しいだろうと考えていた。しかし，今回は愛知教育大学の土屋武志教授の社会科教室の学生を中心としたメンバーから，大学の「総合演習」(教職課程科目）の一環として，小学生を対象にした原発の授業をやりたいという申し入れがあり，引き受けることにした。

しかし，この申し入れには，二つの意味で難しさがあった。一つは申し入れメンバーの「指導力量」の問題である。社会科教室の教育大生はまだ教育実習も受けておらず，「教師の卵」ではあるが，まったく未知数の「卵」であった。二つ目は，「新聞教育（NIEなど）に取り組む」グループとはいえ，「新聞」に関する基本的な知識が十分ではなかったことだ。

そこで，このような状況を踏まえ，今回の実践では「新聞教育に取り組もうとする若い教師（教師志望者)」にどのような助言をしたら授業が成立していくようになるか，一緒に考えることにした。

社会科教室の学生がいわゆる「第1次指導案」を作成するとき，筆者が助言したのは次の点である。

①対立する社会的な問題を教室で扱うときには，教師の考えを教えるのではなく，できるだけさまざまな観点から考えられるように資料（新聞記事な

ど）を用意する。

②学年レベルにあった資料（記事など）を用意する。難しければ，レベルにあった内容になるよう教師の手で記事に「注」などを入れる。

③新聞などの論調には，各紙で特徴があり，１紙だけを扱うときはそれを踏まえて活用するようにする。同時に各紙の論調の大筋を理解した上で活用する。

今回，学生たちに聞くと，主要各紙が「原発」についてどのような態度をとっているか，理解している者はいなかった。地元紙『中日新聞』は現在「脱原発」の立場を明確に打ち出しているが，そのことをまったく教育大生は知らなかった。したがって「原発を維持・推進」する姿勢をとる『読売新聞』や『産経新聞』『日本経済新聞』などの存在は頭になかった。大学生の間で新聞が読まれなくなっている現状を考えれば驚くことではないが，原発など対立する問題には，多様な意見・立場があり，新聞などのメディアは多かれ少なかれ，一定の立場をとっていることを知らなければならない。付け加えれば，現在，「原発」に関して，全国紙では『朝日新

資料4.13 「原子力発電」について考えよう！

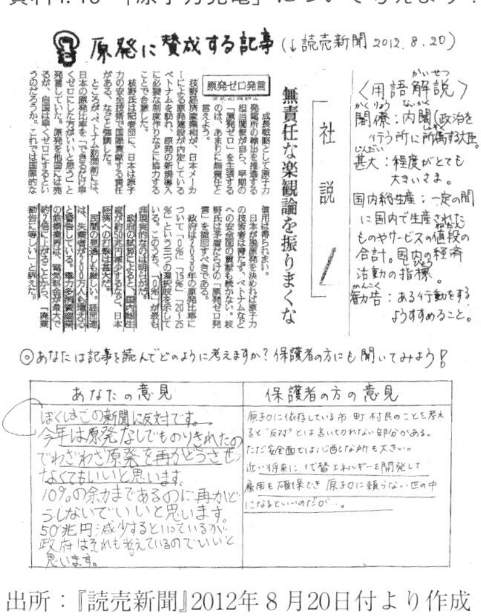

出所：『読売新聞』2012年８月20日付より作成

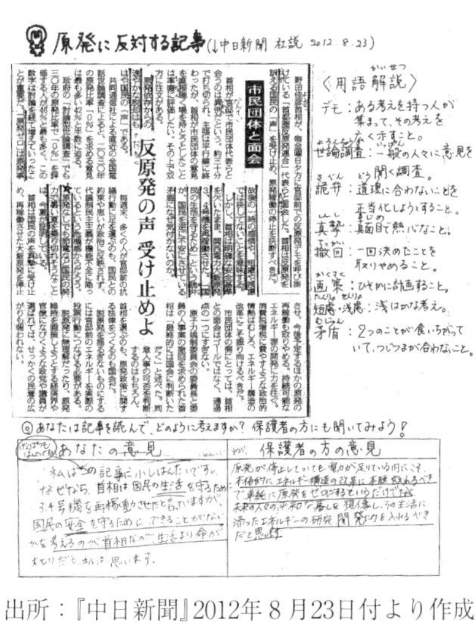

出所：『中日新聞』2012年８月23日付より作成

聞』『毎日新聞』が「脱原発」の立場をとっている。

④教師の主観や新聞１紙の論に同調させるのではなく，多面的な考えを引き出し，深められるような指導展開を図る。

⑤「総合」においては，特に保護者に関心をもってもらうことが大切である。今回のケースでは，子どもに配付するプリントに保護者の考えを書く欄を設け，最も身近な大人の考えを参考にさせるようにする。

⑥事前に記事を読む時間を十分とり，自分の考えをある程度まとめさせておく。

この授業では通常のディベート型授業でしているように，グループの話し合いの時間を確保した後，全体の話し合いに臨んだ。全体での話し合いは，表面的には期待したほどの盛り上がりは見られなかった。今回は教育大生に授業の進行をすべて任せたので，それを差し引く必要があるだろう。

資料4.14　原発問題の資料とした記事

福岡会場の声	高松会場の声
0％枠	
福岡県大牟田市の医療事務の男性 原発事故で直接死んだ人はいないとの（電力会社の社員の）発言に憤りを感じる。政府が示した選択肢になぜ５％以下がないのか。民主党の代表選の争点にならぬよう，政府は８月中に15％に決めたがっている。	高松市の損害保険会社勤務の男性 万一の場合は原発が人体や自然環境を汚染すると知った。利便性のために犠牲にする安全が大き過ぎる。核のごみが増え続けるのを忘れてはいけない。未来に負の遺産を残してまで利便性を求めるのか。
福岡県糸島市の元会社員男性 天然ガスでの火力発電を進め，長期的にはメタンハイドレートの活用を。原発はリスクが高い。今の科学技術では制御できず，事故が起きれば被害が広範囲で長期間に。核廃棄物処理の技術も確立していない。	伊方原発（愛媛県）近くに住む男性 ゼロしかありえない。原発に頼る生活はやめましょう。広島も長崎も東北も終わっていない。核と共存できないと身をもって知った。原発をやめることはわれわれの責任。2030年じゃない。即刻やめてほしい。
福岡県内の３人の子を持つ母親 直ちにすべて廃炉にすべきだ。放射性物質の拡散予測情報を隠すなど，事故後の政府や東電の対応は，原発の安全神話を過信した結果であきれる。核のごみを出し続ける点だけでも，直ちに止めるべきだと思う。	高松市の派遣社員の男性 自然エネルギー市場ほど有望なものはなく，これを国策としてほしい。地震が多い日本で原発を稼働させることは危険が大きすぎる。すでに夏本番だが，電力は足りている。
15％枠	
熊本市の主婦 原発事故の責任の所在を明らかにし，原発の安全対策をきちんとしてから，聴取会をするべきだ。代替エネルギー開発には時間が必要なので，今ある原発には定年まで働いてもらう意味で15％を選択した。苦しい選択だ。	高松市の男性　主夫で子育て中 原発を減らしながら，代替エネルギーを増やすのが現実的。多くの人が原発のない社会に暮らしたいと思っている。現状では原発は社会生活に欠かせないインフラだが，一生懸命考えながら時間をかけてゼロにするべきだ。
20〜25％枠	
佐賀県伊万里市の港湾荷役の男性 太陽光発電では電気料金が上がり，電力供給力が低くなると国力が下がる。福島事故の直接的な被害での死者はなく，放射能を浴びて（急性症状で）病院に運ばれた例も聞かない。最新の原発を残すべきだ。	徳島県鳴門市の農業男性 貿易収支はかなりの赤字だ。国内産業の空洞化がひどくなることが心配。原発ゼロもいいと思うが，日本経済を立ち止まらせてしまっては，日本が沈没する。それは不安だ。
その他枠	
福岡県八女市の男性(59) 政府が示した三つのシナリオは，すべて絵に描いたモチに思えた。どのシナリオも信用できない。この議論をする前に，電力市場を開放し，もっと競争原理を導入する。情報公開をもっと進める必要がある。	高松市の男性 多様なエネルギー確保が必要だ。再生エネルギーを大幅に増やすというが，電気料金に跳ね返ってくる。それが原因で産業が衰退することは間違いない。産業の隆盛なくして復興はない。

出所：『中日新聞』2012年８月５日付

話し合いを通して，数値的な変化はそれほど大きくないが，「A（ゼロ派）」は８人から９人へ，「B（減らすべき派）」は24人から20人へ，「C（今のまま派）」は１人から２人へと変わり，選択肢にない「わからない」という児童が

２人出た。しかし，授業後の感想では注目すべき意見が多かった。それをまとめておきたい。

「原子力発電について考えよう」
―「原発推進」「脱原発」の２紙社説を読み比べて―

○私は最初は「B（減らすべき）」だったけど，みんなの話し合いを聞いてみて「A（ゼロがいい）」と思いました。なぜなら，原子力発電所をそのままにしておくと，放射能が出て危ないし，実際原子力発電がなくても，火力発電や風力発電などあるので，「B」から「A」に変わりました。

○原発をすべてやめてしまうと，失業する人もいます。でも，原発を再稼働させると放射能が出て体に害が出てしまうかもしれないので，原発はやめた方がいいと思います。私は「A（ゼロがいい）」のままです。

○私の考えは変わらず「B（減らすべき）」です。もしも，「電気が足りなくなったら…」のために少し残しておくべきです。そして安全面が確認されたら増やしてよいと思います。

○私は話し合いを終えて，やっぱり「B（減らすべき）」の意見に賛成です。０％にすると地球温暖化につながってしまったり，計画停電などで人々が安全にくらしにくくなってしまいます。しかし，そのままでも人々が安全にくらすこともできなくなり，また大地震が来て，今より大変なことになってしまう恐れがあります。なので，「B（減らすべき）」に賛成です。

○「C（今のままでよい）」のままで変わらない。理由はまだ，未使用の核燃料処分場所も決まっていないし，原子力に代わる安定した環境によいエネルギーはまだないので，原子力の力にたよらなければいけないと思います。

筆者自身，新聞やテレビなどの「原発報道」に関して少なからぬ不満や批判をもっており，率直にいえば，今回の選択肢の中でいえば「A」に近い立場である。しかし，小学校の教育現場でそれを赤裸々に表明することは慎重にしなければならないと考えている。今回の実践では，上述したように保護者の考えをプリントに書く欄を設けた。驚いたことに実に多くの方が意見を書いてくださった。いや，これは驚くべきことでないだろう。真剣に書いてくださった保護者の意見を読むにつけ，改めて原発を巡る問題がいかに現在の差し迫った課題になっているかがわかる。

今回の大震災と原発の問題は，もっと教育の現場で実践を積み重ねてほしいと願っている。筆者自身も場を変えて，実践を続けていきたい。

（4）テーマを決めて新聞切り抜き活動

①「新聞切り抜き作品作り」からメディア・リテラシーへ
—形式化・スキル化の絶えざる自覚を—

実践の最後に，「新聞切り抜き作品作り」についてふれたい。これは中日新聞社が独自に考案した学習方法である。その中心になった原田紀保（元中日新聞 NIE コーディネーター）は，新聞切り抜き作品作りの意義について次のように述べている。

「作品は，新聞を読まないと作れない…いろいろな記事を読むから知らず知らずのうちに，文章の内容を読み解く『読解力』が身に付く…漢字力・文章力も向上する。…作品の構成を考えデザインするから『デザイン力』や『創造力』が高まる…。もっと大切なことは，自分で決めたテーマにそって記事を探していく過程で，自らの課題を見つけ解決する力を養うことになる」「小学校高学年や中・高校生になると，自主的に社会問題や政治，国際問題などと取り組み，情報を読み解く力『メディアリテラシー』を育む有益な機会にもなっている…」「新聞は『生涯学習』の教材になり，…新聞切り抜き作品作りは，新聞を継続して読み，幅広く紙面に目を通さなければならない…」[13]。

原田は，筆者が最も尊敬する新聞教育の実践者である。愛知の教育現場で長年「学校・学級新聞作り」をはじめ，さまざまな「新聞教育」に取り組んできた。同氏の提唱した「新聞切り抜き作品作り」は筆者自身，何回も実践した指導方法である。しかし，その「新聞切り抜き作品作り」について，子安潤の次のような見解がある。

「…新聞の切り抜き作品を作るという授業モデルが流通している」「こういう型の授業を行ってさえいればよしとされる学校・実践状況が生まれている」「報道の歪みを知り，真実はどこにあるかを内容に即して追究することを忘れた NIE ならば意味がないと言っているだけだ。新聞に書かれている内容を問うことのない教育，形式だけを覚えさせ，その形式を反復させる定型化された表現の教育は『活用型授業』であるが，それは活用ではない」[14]。

両者（原田，子安）の教えを直接受けた経験のある筆者は，双方の教育理念が底流で対立するとは考えていない。原田は「新聞教育」の一つの有効な方法として，新聞切り抜き作品作りを提唱している。また原田は「メディアリテラシー」を視野に入れ，さまざまな新聞教育を半世紀近く提言・実践している。新聞切り抜き作品作りは，新聞にまったく関心を寄せない小中学生にとっては「新聞学習」の一つの有効な入り口になっていると筆者自身も考えている。

子安の批判の中心は「形式化」「スキル化」した実践にあり，「報道の歪み」や「真実はどこにあるかを…追究することを忘れたNIEならば意味がない」ことを指摘した点にあると，筆者は受け止めとめており，その点ではまったく同感である。

そのような観点から「新聞切り抜き作品作り」において気になることを，筆者自身も2点指摘しておきたい。

まず一つは，「作品至上主義」にならないことである。記事の中身を問い，記事から考えたこと，仲間と話し合って深めた考えなどが作品に反映されていなければならないと思う。また，ときには一つの記事をめぐって学級全員が議論・追究することも必要であろう。

もう1点は，実は新聞（社）側に望むことである。「原発」や「TPP」などの問題を小中学生でもわかるような記事にし，報道してほしいということである。賛否あればそれを記事にすればよいだろう。ルビをふったり，注釈を入れれば，小中学生でも真剣に議論することができる。小中学生向けの紙面は，「軽い明るい紙面を」と考えて編集しているとしたら，ジャーナリズムとしての新聞の未来は先細りになると考える（「新聞切り抜き作品作り」は，原田や筆者らが編集提唱した『新聞学習カリキュラム　小学校編』を参照していただきたい）。

新聞切り抜き作品を作る

②「新聞切り抜き」は社会的関心への確かな一歩―地道な学びを忘れずに―

2010年度，１学期から新聞切り抜き活動はさまざまな形で進めてきたが，「総合」の自由課題として，グループごとに関心の強い領域（テーマ）の記事に絞って取り組むようにした。互いにテーマを紹介しあい，どのようなまとめ方にするか相談していった。作品の見栄えだけでなく，記事を読み込んで，自分たちの感想をしっかり書くこと，内容にふさわしい見出しやタイトルをつけることなどを助言していった。その結果，資料のように10のグループがそれぞれのテーマ（関心領域）の新聞切り抜き作品に取り組むことになった。

○「がんばる人，支える人」
○「愛する動物からのメッセージ」
○「一生懸命輝く命」
○「日中，食の明と暗」
○「冷やせ，地球の熱を」
○「もう限界，ぼくらの地球」
○「後を絶たない死亡事故」
○「止められない，地球温暖化」
○「いろいろな動物，大集合」
○「大好き安城，ふるさと自慢」

友だちと協力しながら，タイトルや見出しを考え，それぞれの問題意識を高めていった。「食」に取り組んだグループは，たびたび報道される食品偽装問題から，中国の食事情まで関心を広げ，食に関する問題点だけでなく，新たな研究や栽培に取り組む研究者や農家の人など明るい話題も取り上げ，「日中『食』の明と暗」という作品にまとめていった。作品のまとめで児童Ｔは，次のような感想を書いた。表現力を高め，ものの見方・考え方を豊かにしていったことがわかる。新聞切り抜き活動はある面，地道な学習活動である。教師の朱書きや励まし，友だちとの協同的な学びを絶えず支援することを忘れてはならない。

食に関する新聞切り抜き作品「日中『食』の明と暗」

私は「食」関連の切り抜きを始めたのですが，食品偽装の記事がこんなに多いとは思いませんでした。また，中国の食の事情も少しずつわかってきました。私は日本ではまだたくさんの食品会社やお店が偽装工作をしているのではと思いました。食品の原料の高とうなどで「原料代がもったいない」という考えが出てくるかも知れません。でも，食品を買う消費者の気持ちになってほしいです。また中国も食の安全性が問われています。

オリンピックを控えた中国は解決策を考えたり，農薬を使わずにつくったりするなど，安全に力を入れてきたこともわかりました。また，びっくりしたことでは「白菜」は日本の野菜だと思っていましたが，中国から来た野菜だと知りました。日本と中国は協力して，安心・安全な食品をつくってほしいです。作品づくりを始めて，新聞をたくさん読むようになるなど，自分も変わることができたと思います。私たちも賢い消費者になりたいと思います。（児童T）

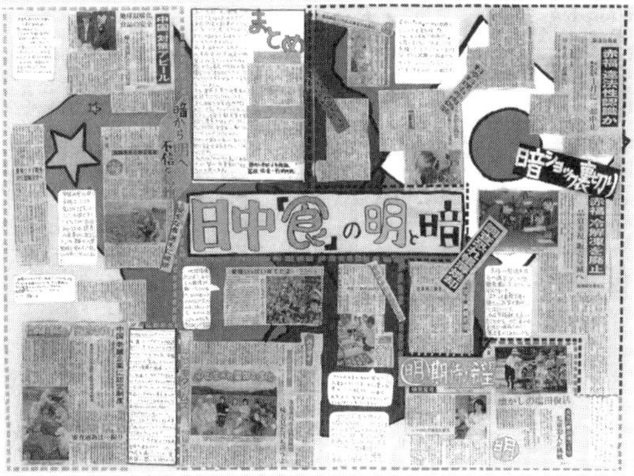

（5）社会に目を向け始めた子どもたち

①身近な問題から社会的な問題へ

身近な妊婦さん・出産体験者の話や胎内ビデオの視聴から始まった「命」の学習は，子どもたちに具体的に実感できる学びとなった。さらに，戦争関連記事の切り抜き活動や被爆者の壮絶な原爆体験談は自分たちとは関係ないと思われた戦争にまで関心が広がり，「命」の尊厳や理不尽な「死」について深く考える機会になった。そのたびごとに，書いた感想文や学級新聞の記事には子どもたちの思いや考えがつづられるようになった。また，遠く離れたアフリカの地で活躍する日本人医師の記事を考えた学びは，その距離的な遠さを縮め，自分たちともつながる問題になった。子どもの「興味・関心」は身近な日常生活だけでなくても，きっかけさえあれば一気に社会に広がっていくものだということが確信できた。「発言欄を見て書いた人に共感できるようになった」などの子どもの声もあった。

さらに「ニュースを前より見るようになった」「世の中に関心をもつようになった」（アンケート11月実施）など，新聞が子どもの生活意識に入り社会への関心を高めたことがわかった。

②多面的・多角的な見方・考え方が

「九死に一生を得た被爆者」や「スーダンの元医務官」への手紙，劇を演じた後の感想文には，子どもたちの真摯な思索と理不尽な「死」への子どもなりの洞察が書かれるようになった。また，一つの新聞記事に表れた「命や死」についても深い思いを寄せる子が増えた。「命」の重さが子どもたちの心の内を引き出し，表現への意欲を高めたのだろう。

前記「アンケート」によれば，これらの学習を通して，以前より「新聞を読むようになった子」が30人中／20人。新聞を読むのが「とても好き」「好き」が合わせて，これも20人いた。また，新聞切り抜き活動に対しては「好き」と答えた子が26人で，新聞を通して情報を集め，考えることに興味・関心が高まってきたといえるだろう。

「ノーベル平和賞受賞」「オリンピック開催」など一面的な見方しかできなかった子が多様な見方・考え方に気づき，迷いながらも自己の考えを深める場面も少なからずあった。

③協同的・探究的な学びの楽しさを実感

「新聞記事について友だちと話し合う」のが「好き」と答えた子は23人で，非常に高い数字が出た。「友だちと政治の話をするようになった」と答える子どもも現れた。目的意識がはっきりすれば，子どもたちは自分の考えを主張し，深めることは楽しいと感じるようだ。「知的な学び」「探究的な学び」の価値は学習材によって決まることが多いが，「命」にかかわるさまざまな問題や新聞記事に表れた社会事象は子どもたちの学びの姿を少しずつではあるが変えていった。また，「記事が速く読めるようになった」「難しい漢字を調べることができた」「辞典を使って調べ，その言葉が使えるようになった」（アンケートより）など主体的な学びの姿が見られるようになってきた。ただ，家族と記事のことで「話す」というのは13人（43%）で，もう少し工夫が必要であると思う。

④残された課題も

この実践では，子どもに対する自己評価型アンケートで意識の動向を数量的につかむよう努めた。その結果，「新聞教育」が初めての学年であっても，上記のように目標に迫ることができた。筆者らが編集した『新聞学習カリキュラム　小学校編』も有効活用できた。

しかし，課題もいくつか見えてきた。以下に列挙したい。

● 「総合」の時間が削減されたことによって，より教科学習との連携が大切になってきた。単元の組み替えや学習内容の洗い出しをすることによって「総合」と教科間の結びつきをいっそう図り，学びを深化させなければならない。
● 学級新聞作りの時間・体験が例年より少なくなり，協同して取り組む活動が減少した。またグループでの話し合い活動は，メンバー構成によって大きく左右されることもあった。協同的な学びの在り方を再吟味する必要を感じた。
● 「新聞教育」ということで文字メディア（新聞，本）を中心に学習を進めた。映像メディアとの組み合わせの中で主体的・批判的に情報を読み解く学びも大切になってくるだろう。活字と映像などのメディアの違いや特徴を比較して考える学びも大切になるだろう。

注

1）文部科学省『小学校学習指導要領解説　社会編』東洋館出版社，2008年，p. 100。
2）文部科学省『小学校学習指導要領解説　社会編』東洋館出版社，2008年，p. 101－102。
3）中日新聞社編『新聞学習カリキュラム　小学校編』2007年。このカリキュラムは，筆者を含めて長年「新聞教育」に携わってきた教員と中日新聞社側メンバーが協力して1年がかりで作成した。NIE 全国大会や NIE 学会でもカリキュラムの作成は提起されていたが，この「カリキュラム」は全国でも先駆的なものになった。なお，第5章に内容の一部を示してある。
4）「スーダンで医療活動する元大使館医務官　川原尚行さん」『朝日新聞』2009年10月26日付「ひと」欄。
5）「被爆国からのメッセージ」『朝日新聞』2009年8月10日付。
6）岡畠修二さんは19歳のとき，広島市の爆心地近くで被爆した。幸い後遺症もなかったが，当時の同級生は多数被爆して亡くなった。安城市などで戦争体験を語り継いでいる。

7）中沢啓治『はだしのゲン』汐文社，1987年。

8）城戸又一編『現代ジャーナリズムＩ　歴史』時事通信社，1974年，p. 115。同書では家永三郎『太平洋戦争』（岩波書店，1968年）を紹介しつつ，戦争を阻止しえなかった原因として三つの理由をあげている。

9）文部科学省『小学校学習指導要領解説　社会編』東洋館出版社，2008年，p. 102。

10）『中日新聞』『朝日新聞』『毎日新聞』2009年10月10日付：受賞を賞賛する声が多く載っている記事。

11）『朝日新聞』『中日新聞』『毎日新聞』2009年10月10日付，『産経新聞』2009年10月17日付：受賞に批判的な記事。

12）『中日新聞』『朝日新聞』『毎日新聞』『朝日小学生新聞』2009年10月12日付：広島，長崎五輪開催立候補関連記事。

13）中日新聞 NIE 事務局編『新聞でつくる授業』中日新聞社，2012年。

14）子安潤「個人能力達成モデルから課題探求モデルへ」教育科学研究会編『教育』2010年１月号，国土社，2010年。

新聞教育の方法Ⅲ

方法１：身近な人の生命の誕生や病気と闘う人など具体的な事例にふれる場を設け，「命」を強く実感できるようにする。

方法２：「命」にかかわるイメージマップ（ウェビングマップ）作りを行い，新聞報道などに多くの具体的な事例が載っていることに気づかせる。

方法３：新聞切り抜き活動は『新聞学習カリキュラム　小学校編』（中日新聞社編，p.97–98参照）などをもとに段階ごとに楽しく取り組ませ，継続活動に結びつける。

方法４：「見出し指導」は「学級新聞作り」への重要な入り口になるので，一般紙を使って「見出し作り」の活動を行う。

方法５：「見出し作り」は写真付き記事などを用いて，「10文字前後で」「キーワード探し」を行う。ときには「良い見出し・ベスト３」などを考えさせ，その見出し作りの方法を身につけさせる。

方法６：朝の帯時間帯（短時間の朝学など）に「新聞タイム」を設け，記事の内容について話し合わせる。

方法７：「新聞タイム」では司会の手引きなどを用意して，司会者を育てるとともに話し合う力・聞く力を育てる。

方法８：人物欄の記事を読み，感想を記者や本人に送る。

方法９：人物欄などで取り上げられた人を学校に招く（多くの場合，承諾していただける）。

方法10：招く場合は，記事やインターネットなどで人物について事前学習を可能な限り行い，質問事項などを整理しておく。

方法11：戦争体験者を招く場合は，夏休みに戦争関連記事の切り抜き活動を行い，事前にそれらの記事の感想などを話し合う時間を設ける。

方法12：「戦争体験者の話を聞く会」と歴史学習を結びつけるために「戦争関連」の単元を前倒しして学習を行う。

方法13：学校行事で学芸会（学習発表会）などがあれば，「戦争もの」を行い，疑似体験させる。

方法14：「戦争もの」を劇化する場合にはできる限り，戦争の本質（アジアへの政策・意識の誤り，表現の自由の抑圧，公教育の権力統制など）に迫る事実（会話など）を脚本に入れる。

方法15：戦争の調べ学習を行うときには，公共図書館のレファレンス・サービスを活用して，子ども向けの多様な書籍を児童数分確保する。

方法16：ディベート的なテーマを新聞記事から見つけ，話し合い（討論）の場を設ける。

方法17：「テーマ」に基づいてディベート的討論をする場合は，賛成・反対双方の立場の記事を複数用意する。できれば，異なる新聞を活用する。

方法18：ディベート的討論の資料にする記事は，記事を短くしたり，記事に線を引いたりして，学年レベルに合わせる。

方法19：ディベート型討論で一方的な議論になりそうなときは，「反対意見（少数を代弁する内容の記事」を示し，多角的に考えさせる。

方法20：ディベート型討論の後には，賛成・反対の根拠や自分の考えを整理して，意見文をまとめる。

■コラム⑤　取材をもとに劇発表

この１年間に二つの点から心に残ることがありました。一つ目は素晴らしい人との出会いです。戦後60年という節目の年であり，夏休みに戦争関連の新聞記事の切り抜きを課題に出しました。

数多く集められた記事の中に「ぞうれっしゃがやってきた」の作者小出隆司さんの活動を紹介する記事がありました。尊敬するジャーナリストの故斎藤茂男氏はかつて「新聞の切り抜きにとどまらず，そこから取材活動を」ということを強調されていました。そこで，小出さんの絵本を読んでいた子が，教室から電話で「取材依頼」をして，来校していただくことになりました。

切り抜いた記事をもとに，事前に学級全員で取材の質問内容を考え，精選していきました。小出さんの温かい人柄とお話，取材による聞き取りで子どもたちの戦争と平和への思いは急速に高まり，学習発表会の「走れ！ゾウ列車」の取り組みにつながっていきました。

中国残留体験者の玉田澄子さんのお話，戦争関連記事の切り抜き作品づくり

(1面)　200(年(平成18年)2月1日(水)　錦町小学校6年椿組　学級新聞「つばさ」No.31

つばさ

～ぞう列車の作者～小出さんの苦労に涙

「ぞう列車がやってきた」を読み聞かせする小出さん

小さい頃からの口癖は(谷本選手)「オリンピックに出る!」

(谷本さんのおじいさん)

「アーチェリー」に会えて良かった

忘れられない玉音放送

を通して，子どもたちの戦争の実態と平和への理解と思いは豊かで深いものになりました。

心に残った二つ目は，保護者の支えです。記事の切り抜きでも協力がありましたが，さらに「おやどり」という名の保護者新聞を発行して子どもたちの活動を支援してくれました。卒業まで5号も継続発行して，子どもたちの学級新聞「つばさ」を温かく見守ってくれました。

新聞を通してこのような素晴らしい人，子どもたち，そして保護者に巡り会えたことに感謝しています。

戦争反対言えぬ世界つくらない

母から，私の曾祖父も劇中の人物と同じ獣医師として中国へ戦争に行っていたと聞いた。曾祖父も劇中の三井大尉のようにゾウの命を助けた，と私は思う。劇を演じたり，新聞の切り抜きや戦争取材をしたりして，戦争反対と声に出せない世界を二度とつくってはいけないと感じた。（6年　I・T）

『中日新聞』2006年4月20日付

学年全員で取り組んだ劇「走れ！ゾウ列車」（円内は市川正孝先生）＝愛知県安城市の錦町小学校で

第5章
「新聞教育」の課題と未来

(1)「メディアの批判的受容能力」の育成に向けて

筆者の実践および分析・考察の中で課題として残された一つは，新聞・ジャーナリズムの役目・機能そのものを探究的に学びながら「メディアの主体的・批判的受容能力」[1)]を育成する実践のさらなる検証である。

もとより，ここには筆者のおかれた「制約」があることも否定できない。筆者の実践は，すべて小学生を対象にしたものである。その「制約」の中では，例えば一つのテーマについて対立する見解を新聞記事をもとにディベート型討論で追究した実践や，複数紙を使って多角的・多面的な考えを醸成する実践などは「主体的な読者育成」のねらいを，かなりの程度達成したと判断する。しかし，そうした実践と比較して，さらに進めた「批判的受容能力の育成」となると，実践・実証が不十分であるという指摘を免れないだろう。一方，小学生という子どもの発達段階からすると，新聞を「批判的に読み解く」実践は，時期的に早く，新聞の問題点だけを定型的に理解するだけの学習につながりかねないという指摘もある。

筆者は，この「時期尚早」という指摘を一面では肯定しながらも，小学生段階において「批判的受容能力」の観点からの「新聞教育」は重要であり，可能であると考える[2)]。

この最終章では，筆者を含め，「新聞教育」に長年携わってきたメンバーと新聞社が協力して作り上げた次ページの『新聞学習カリキュラム　小学校編』[3)]を資料5.1として示しながら，併せて，筆者の「批判的受容能力の育成」

資料5.1 「新聞学習カリキュラム」(抜粋)

カリキュラム全体図

	低学年（14時間）	要素	中学年（14時間）	要素
ステップ1・親しむ	◇新聞で遊ぼう（1） ＜新聞折りたたみゲームをしよう＞ ▽新聞に乗ってじゃんけんをし、負けたら順に半分に折っていく ＜新聞から数字を探そう＞ ▽新聞から数字を探してワークシートの空欄にはっていく ＜新聞からいろんな顔を見つけよう＞ ▽新聞の顔写真から、気になる写真を選んでワークシートに整理する ◇新聞ファッションショー（1） 広告のページや写真をいかして服を作る 見出し・写真などを切り抜き、模様にする	全 ② ③ ① 全	◇テーマに合う写真を探そう（1） ▽お気に入り、季節、地域、生き物・植物・動物、スポーツ、人物など数種類の写真を選ぶ ▽何の写真か紹介し合う ※家庭へ協力を呼びかける（ファミリーフォーカス） ◇おもしろ見出しを集めよう（1） ▽見出しを集める ▽キャッチコピー風のオリジナル見出しを作る	① ② ④
ステップ2・読む 知る	◇新聞神経衰弱ゲーム（1） ▽カードと同じ平仮名を新聞から探す ◇見出しと写真でぴったんこ（1） ▽教師の提示した見出しに合う写真を選ぶ ◇ひらがな探し（2） ▽平仮名を新聞の見出しから探して、言葉を完成させる	② ③ ① ② ②	◇新聞のマンガを読もう（1） ▽各自が題名を考え、良い題名をつける ▽吹き出しにセリフを入れる ◇「私のNO．1写真」を見つけよう（1） ▽各グループ内で発表し合う ▽選んだわけを紹介する ◇写真付きの短い記事に見出しを（1） ▽写真付きの短い記事が何を伝えたいか話し合う ▽記事の内容を簡潔に表し、読み手の興味をひく見出しを考える	⑤ ① ① ②
ステップ3・考える	◇新聞でカルタづくり（2） ▽選んだ写真記事（取り札）に合う読み札を作り、カルタで楽しむ ◇新聞の写真ですごろくづくり（2） ▽すごろくの枠に写真付き記事をはってすごろくを完成する。一回休み、五つ進むなどの枠について工夫する ◇親子でお気に入り写真を見つけよう（2） ▽四つ切り画用紙で作った四角柱に、お気に入りの写真付き記事をはって展覧会をする ※家庭での協力（ファミリーフォーカス）を呼びかける	① ⑤ ① ①	◇記事に見出しを付けよう（1） ▽記事の内容を簡潔に表し、読み手の興味をひく見出しを考える ◇写真に説明文を付けよう（1） ▽写真が何を伝えたいか話し合う ▽写真から分かる事実を、5W1Hに注意しながら説明文を書き表す ◇写真を見て意見を発表し合おう（1） ▽写真を見て考えたことを話し合う 何を伝えたいか 撮り方の工夫	③ ① ①
ステップ4・発信する	◇新聞切り抜き作品をつくろう（2） ▽模造紙に書かれたさまざまな枠（動物園・水族館・森の中・お店屋さん・すごろく枠・マンション・乗り物など）に気になる写真付き記事をはる ▽タイトルを考える ▽余白に感想を書く ▽時間があれば学習発表会などで異学年の児童や保護者、地域の方などを招いて発表する	全	◇新聞切り抜き作品をつくろう（6） ▽毎週継続して1～2枚の写真や記事を探す ▽所定のレイアウト用紙にはり付ける ▽見出しをつけ、分かったことや感想をレイアウト用紙に書き込み、新聞切り抜き作品を完成する ▽グループかクラスで発表し、相互に評価し合う	① ② ③ ④ ⑤

	高学年（21時間）	要素	高学年・発展（11時間）	要素
ステップ1・親しむ	◇新聞から情報をキャッチ（1） ▽新聞から得られる情報を見つける（事件、行事、地域、人物、政治、経済、広告、天気、テレビ・ラジオ番組） ▽新聞の目次を作り、新聞の構成を知る ◇テレビ欄を読んでみよう（1） ▽テレビ欄から話題のニュースを見つける ▽テレビ欄の工夫を見つける ◇写真で遊ぼう（1） ▽写真から俳句をつくり、発表し合う ◇マンガを作ろう（1） ▽マンガの構成や伝える内容を考える ▽新聞のマンガを参考に、四コママンガを作る ◇親子で記事を読んでみよう（1） ▽親子で気になる記事を読み、話し合う	全 ⑤ ① ⑤ ③	◇投稿欄を読んでみよう（1） ▽投稿欄の内容を分類・整理し、今話題となっていることを知る ▽投稿欄の中から賛成・反論したい記事を選び、発表し合う	③
ステップ2・読む 知る	◇記事を読んでみよう（1） ▽記事を読み、記事の構成要素を整理する（見出し・リード・本文・写真など） ▽記事文の書き方や特徴を見つける（5W1H・重要なことが先・逆三角形型の文事実のみを書く） ◇見出しをつけよう（1） ▽見出しに書かれている効果的な表現を見つける ▽写真から見出しをつくり、プロがつくった見出しと比較する ※文字数（11文字程度）にも着目させる ◇写真から情報を読み取ろう（1） ▽グループごとに、写真から分かる情報を発表し合う（記事の内容を想像する） ▽写真に共通して写されているものを探す（人・もの・場面）	③ ② ①	◇記事を読んでみよう（1） ▽いろいろな種類の記事を探す（インタビュー記事・ルポルタージュ・社説など） ▽それぞれの記事は、どんなことを伝えるときに効果的かを話し合う ◇新聞広告から情報伝達の技を学ぼう（3） ▽目立つ広告・気になる広告を集める ▽集めた広告を分類し、情報伝達の技を知る（倒置法・リフレイン・名詞止めなど） ▽キャッチコピーと見出しを比較し、共通点や違いを話し合う ◇天気予報の情報をキャッチしよう（1） ▽天気予報から得られる情報を見つけ、発表し合う ▽得られる情報についてどのような人に役立つか話し合う	③ ④ ② ⑤
ステップ3・考える	◇記事を読み比べてみよう（2） ▽同じニュースについて複数紙を読み比べ、感想を発表し合う ▽写真・見出し・記事ごとに共通点や相違点、必要性について考え、記事の切り口の多様性や発信者の意図を知る ◇図やグラフの効果を考えよう（1） ▽記事の中の図やグラフの効果について考える ▽見出しから、必要な資料を考える ◇写真を分類しよう（2） ▽写真をいろいろな観点で分類し、発表し合う（色・内容・資料など） ▽1日分の日刊紙から、記事を集めて分類し、四つ切り画用紙にまとめる	③ ⑤ 全	◇個人情報の扱いを考えよう（1） ▽いろいろな記事から個人情報に関する内容を見つける ▽見つけた個人情報の必要性について話し合う ◇記事の位置や大きさを考えよう（1） ▽日刊紙から、重要な記事はどのような記事かを考える ▽記事の割り付け位置から重要な記事のきまりについて考える ▽自分たちが考えたきまりと新聞社の価値基準を比較する	全
ステップ4・発信する	◇新聞切り抜き作品をつくろう（8） ▽気になる記事を集める ▽自分でテーマを設定し、記事を集める ▽集めた記事を分類整理する ▽分類した記事を効果的に割り付ける ▽見出し・感想などを書き、作品を仕上げる ▽新聞切り抜き作品を発表し合い、評価し合う	全	◇気になるニュースを伝え合おう（1） ▽記事の概要を説明する自分の感想を発表する ▽記事の内容について質疑応答する ▽発表を聞いた子供たちが感想を発表する ▽教師が、新聞の読み方と話し合い方について、評価やワンポイントアドバイスをする ◇投稿に挑戦（2） ▽日刊紙から気になる記事を選ぶ ▽投稿欄を参考に事実と意見を区別して原稿を書き、投稿する	全 ③

出所：中日新聞社編『新聞学習カリキュラム　小学校編』

についての構想を述べたい。資料5.1「新聞学習カリキュラム」は「新聞教育」の実践記録をもとに子どもの発達段階を考えて経験の豊富な教師と新聞社メンバーで構想したものである。

「新聞学習カリキュラム」の作成は，日々発生する出来事を扱う新聞を対象にしているだけに，構成要素や系統性をどう考えるか切り口や視点が難しかった。そこでまず，筆者らは，カリキュラム構想にあたって「新聞の構成要素」を機能別に6つに分類した。「写真」「見出し」「文章」「広告」「図・マンガ」「その他」である。それらを「新聞の要素別系統表」にまとめた。さらに，低・中・高学年（発展を含む）のそれぞれの段階を「新聞に親しむ」「新聞を読む・知る」「新聞で考える」「新聞で発信する」の段階でとらえ，6つの構成要素をその学年レベルに合った記事で学ぶという内容にした。この「新聞学習カリキュラム（全体図）」は2007年3月に完成し，発表された。当時，NIE全国大会や日本NIE学会で「カリキュラム作り」が話題になっていたが，本格的なカリキュラムはまだ日の目を見ていなかった。それだけに，この「新聞学習カリキュラム」は先駆的な試みになった。ちなみに，本書の第4章で取り上げた「新聞学習カリキュラム」に沿った実践事例についても改めて参照されたい。

この「カリキュラム」に対する直接的論評ではないが，「カリキュラム」の「ステップ4・発信する」に位置づけた「新聞切り抜き作品を作ろう」（本書p.132-135参照）に対して，子安潤の次のような見解がある。

「一つのテーマを設定し，たくさんの記事からテーマに関連した記事を探し出して，これを分類して新聞の切り抜き作品を作るという授業モデルが流通している。このモデルには，情報の選び出し，判断，小見出しの付け方やレポートの仕方・スキルが身につく，などという効能が含まれていると宣伝されている。こういう型の授業を行ってさえいればよしとされる学校・実践状況が生まれている。

…新聞に書かれている内容を問うことのない教育，形式だけを覚えさせ，その形式を反復させる定型化された表現の教育は「活用型授業」ではあるが，それは活用ではない…」[4]。

筆者らの提案した「新聞学習カリキュラム」の「新聞切り抜き作品作り」は「今後いろいろな形を変えながら，新聞活用の良き方法として」（編集あとがき）と述べているように一つのモデルとして示した。

しかし，本書の冒頭でも書いたように，「総合」においては，とりわけ自由裁量の余地が大きいだけに，授業者は「学習内容」と「学習方法」を主体的に選定していかなければならないだろう。「新聞学習カリキュラム」の最後に位置づけた「新聞切り抜き作品作り」も新聞記事に書かれた内容を問い，探究的に「問題（テーマ）」を掘り下げたものでなければならない。「スキル化」「マニュアル化」「形式化」の弊害や問題点は絶えず自覚して実践を進めたい。

（2）「メディアの批判的受容能力育成プログラム」（試案）～「新聞と報道を考える」～

こうした認識を踏まえ，筆者はこの「新聞学習カリキュラム」に「メディアの批判的受容能力育成」の観点から，個人的に次の学習単元を付け加えたい。

「高学年・発展」の「ステップ3・考える」に位置づけたいのは「新聞と報道を考える」という名の単元構想である。

【単元名　総合「新聞と報道を考える」】（5～6時間）

（1）単元目標：

①「新聞・ジャーナリズム」の役目・機能を報道された記事や写真を基にして考え，その影響力について理解する。

②新聞・ジャーナリズムをさまざまな視点からとらえ，メディアの批判的受容能力を高める。

（2）学習上の配慮事項

①「新聞教育」なかで，これまでも「新聞」を活用してきた小学校6年生を対象にする。

②時期的には小学校6年の2学期の終盤か3学期で，「総合」と「社会科」の時間に行う。

③学習形態として，「個人」「グループ」「全体」の各場面を想定して，探究

的に展開する。

＊なお，筆者は中学校，高等学校，大学でもこの試案は実践できると考える。

（3）準備（下の資料はプリントとともにできればプロジェクターで映すか拡大して掲示したい。）

①「サンゴ落書き事件」の写真付き記事（資料）[5]

②同「お詫び記事」（資料）[6]

③「松本サリン事件」報道の一連の見出し（資料）[7]

④同「謝罪記事」（資料）[8]

⑤「西尾いじめ自殺遺書」報道記事（資料）[9]

⑥沢田教一「安全への逃避」写真（資料）[10]

⑦本多勝一「ベトナム報道〜戦争と民衆〜連載記事の『農民と戦車』等写真記事（資料）[11]」

⑧6月23日付『沖縄タイムス』『琉球新報』一面記事（実施年の紙面）

⑨同日付け全国紙あるいはブロック記事（実施年の紙面）

（4）単元計画

○第1時「新聞の誤り・過ちを考える」（1時間）

「沖縄サンゴ落書きねつ造事件」

・この写真を見て，分かったこと・気づいたこと・考えたことをプリントに書き発表する。（個人で考える→全体で話し合う）

・この写真記事がねつ造されたこと，新聞社全体で多数の処分者が出たことを確認する。

＊この記事は『朝日新聞』1989年4月20日の縮刷版からとることができる。

「松本サリン事件」

・当時の見出しと謝罪記事で報道には誤りがあることや報道各社が犯人視した人物に謝罪したことなどを確認する（資料5.2）。

＊この2つの事例からまず，新聞の「負」の部分を押さえる。

＊「5年社会科下」（東京書籍）に当時の見出しの一覧写真が掲載されている。

○第2・3時「報道の役割と新聞・ジャーナリズムの意義を学ぶ」（2時間）

「写真：自由への逃避」（沢田教一）を考える。

＊（写真の撮られたベトナム戦争については概略を説明する。）

＊沢田の写真は『朝日新聞』2006年9月20日付6面紙面から手に入れることができる。

・写真を見て，思ったこと，気づいたこと，分かったことを発表する。
・「なぜこのようなかわいそうな人たちを撮影するのか」を考える。
＊次の専門家の言葉を紹介する。
「この写真によって，少なくともベトナム戦争は２年終結が早まった。ジャーナリズム（新聞）の仕事というのはそういうことだ。」[12)]
・「戦車と農民」等の写真も見せる。
・なぜ報道するのが良かったのかを考える。
・ベトナム反戦の写真を見て，報道との関係を結びつけて考える。
・報道が世論を作り，反戦運動につながったことをとらえる。
・写真記者の話を聞く。
・新聞について，自分の考えをまとめる。

＊本多の写真は「本多勝一集～戦場の村～」（朝日新聞社）より手に入れることができる。
＊同書の写真については池上彰が賞賛している事実も伝えたい。
＊写真記者などの派遣は新聞社に連絡すれば可能。

○第４時「報道の役割と新聞・ジャーナリズムの意義を学ぶ。」（１時間）
・「西尾いじめ自殺事件」の「遺書報道」の記事（資料5.3）を読み，思ったこと，気づいたこと，分かったことについて「新聞の報道」と関係づけて感想を書く。
・この報道によってどんな影響があったか考える。
・記事によって「いじめ」問題がクローズアップされたことをとらえる。

＊同記事は『中日新聞』1994年12月２日付社会面（縮刷版で入手可能）に掲載。

○第５時「地域によって報道される内容や価値付けが違うことを学ぶ。」（１時間）
・沖縄の新聞と全国紙を比べる。（できれば沖縄慰霊の日）
・同じ日でも取り上げ方が全く異なることを考える。
・なぜこんなに違うのか，わけを考える。
・地方紙の役目や報道ギャップについて学ぶ。

＊できれば沖縄の基地の問題などにもふれる。

○第６時「新聞に載ったメディアの問題を考

える。」（1時間） ・その年に話題になったことを取り上げる。	＊ツイッター，ユーチューブの事件などを取り上げる。

この単元は小学生という発達段階に合わせて，主に「写真」で新聞・ジャーナリズムの役目や機能に迫るような構想を立てた。特に，第1～4時までで新聞・ジャーナリズムの「正負」の影響力を追究するようにした。子どもたちの「新聞観」が定型化しないよう交互に「正負」の事例をあげ，バランスに配慮した。また，「戦争」から「いじめ」を取り上げることで，新聞は「平和」と「人権」について重い役目を担っていることを実感させたいと考えた。「戦争」という一見自分たちとは離れた問題も，「いじめ」という身近な問題も新聞・ジャーナリズムの主要なテーマであることをとらえさせたい。

資料5.2　「松本サリン事件」関連記事

出所：『中日新聞』1995年10月15日付

資料5.3　「西尾いじめ自殺事件」関連記事

出所：『中日新聞』1994年12月２日付

「新聞を比べて読む」については，筆者はNIE全国大会の報告で次のような事例を中日新聞紙上で紹介しつつ，「読み比べ」について提案したことがある。

「両紙（ここでは鹿児島と岐阜の地方紙）の取り上げ方の違いを丁寧に読み取り，考えることで，地元紙には地域に密着した話題が多く載っていることを子どもたちは理解…。地元紙独特の記事の価値や意味を（記者から）教えてもらい，地元紙の役目を学んでいきました。…この夏休みに広島や沖縄の8月15日の地元紙を取り寄せ，読み比べをしたい…。総合的な学習に関する文部科学省の同じアンケート結果の取り上げ方が新聞によってまったく違うことも取り上げ，新聞の立場の違いなどにも迫りたい」[13]。

このときは，提案しながらも実践できないで終わった。その反省もあり，今回の「新聞と報道を考える」単元に位置づけた経緯がある。

（3）双方向性のある「新聞教育」の取り組みへ

「メディアの批判的受容能力の育成」について述べたが，それと関連して「教育」と「新聞」で筆者が重要だと考える課題を次に述べる。

柳澤伸司は，メディア論の立場から「メディア・リテラシーにつながるNIE」[14]について次のように述べている。

「読者は新聞を読み，批判するだけでなく，良い記事は褒め，読みたくなるような新聞を求めていく」「新聞とともに共生していくような関係づくりをすること」「新聞社内部からジャーナリズムをつくりかえていく人を増やすこと」「その鍵は新聞を読み批判できる読者を増やすこと」「その中から新聞を支え，作りかえていく新聞人が育つことにある」。

あまりに壮大な「夢物語」にも聞こえるかもしれない。教育現場からは「一私企業」の新聞社に，そのような期待はもつべきでないという声もあがるかもしれない。だが，筆者には，そうとばかりとは思えない。柳澤の指摘を，筆者は「双方向性」という言葉に置き換えて考えてみたい。

本書の第2章「ぼくらの食糧を　ぼくらの手で」の実践分析で，子どもが書いた記事が『中日新聞』の１ページを使って掲載されたことを述べた。その「新聞」を通して「記者（子ども）」と読者（保護者）」がつながり，さらに「記者（子ども）」と「他市・他県の読者（小中学生）」とがつながった事例を紹介した。このような「双方向性」のある学びで全く空間を離れた者同士が，ゆるやかに学びを共有することができた。

また，第４章「かけがえのない命」の実践では，「読者である子どもたちの感想」が記者に届けられ，それがさらに遠いアフリカのスーダンまで送られ，新しい学びの場をつくりだした。記事を書いた記者は，子どもたちが送った感想について「みなさんの川原さん（筆者注：元スーダン大使館医務官）への素敵なお手紙をとても楽しく拝見させていただきました。優しく温かい気持ちになりました。本当にありがとうございます。手紙は必ず川原さんに届けます。私もコピーをとらせていただきました。大事な宝物にしようと思います。いつか機会があれば，また紙面でお目にかかれたらと思っております。これからも温かい授業を続けてください。P.S　感想文に『川原さんは家族をすててまで』とありましたが，決してそんなことはありません。私の書き方が悪かったのかもしれませんが，メールでやりとりしたり，帰ってきたら団らんをしたり，とてもすてきなお父さんです。　記者○○○○」と手紙にしたためてあった（この手紙は印刷して子どもたちに配った）。

子どもたちは記事と記事の川原さんに学びながら，同時に書いた記者を励ますという関係を生み出した。この事実も「双方向性のある学び」といえよう。このように多くの教育現場で新聞を読み，「教育」と「新聞」がつながりながら，柳澤のいうように「新聞とともに共生していくような関係づくり」をしていけば，「双方向性のある学び」が生まれるのではないか。このような一連の活動の中で「主体的・批判的な読者」が育ち，新聞・ジャーナリズムを創りかえていくことにつながる。それはとりもなおさず，子どもたちの社会参画への第一歩でもあると考える。

もっと大きな例をあげれば，「新聞と報道を考える」で教材資料としてあげたベトナム報道などは顕著な例である。ベトナム報道に文字どおり「記者生命」をかけた新聞ジャーナリストは，後年次のように述懐した。

「(読者からの支持がなければ，) 単に独り相撲に終わるばかりか，長いルポを続ける意味も薄くなるために連載は頓挫したでしょう。さいわい読者からの強い支持と激励が直接・間接にあったからこそ，最後までつづけることができたのです。その意味では700万部を超える新聞の読者に対する影響がはかりしれないことは事実としても，新聞に対する読者の力もまた巨大であることを，改めて強く認識させられました」[15]。

報道された優れた記事は，人々の心を打ち，新しい社会への指針になった。読者の「励ましの手紙」は「新聞を支え，作りかえていく新聞人」に勇気を与えた。柳澤のいう「良い記事は褒め，読みたくなるような新聞」とは，まさにこのような関係を指すのであろう。そのためには，一つ一つの記事が「署名記事」である必要も出てくるに違いない。

正月に届けられた新聞にも，心を揺さぶられる記事があった。そのよう記事を子どもたちと読み，学んだ感想を記者に送ることは，記者への励ましとなるだろう。「新聞を読む」ことを第一歩にして「社会をよりよく変えていく」ことにつながるのではないか。新聞・ジャーナリズムの影響力が落ちたとはいえ，「新聞と読者」の関係は今も変わりはないと考える。

「新聞」と「社会」ということでは，筆者は「新聞教育」に取り組みながら斎藤茂男（前述）の言葉を何度も反芻してきた。斎藤のいう「作り手になる」とは，言い換えれば「子どもが新聞を作る」ということである。「子どもが新聞を作る」ことによって「現実に踏み込む」という指摘は，「新聞教育」にとって欠かすことができない視点であると考える。

筆者の「新聞教育」へのかかわりは「新聞を作る」という活動から始まったが，フィンランド[16]やノルウェーの「NIE」実践報告でも子どもたちが新聞を作ったり，一般の新聞に子どもたちの書いた記事が掲載されたりする事例は数多くある。

子どもが作る学級新聞や学校新聞の「力」は，ほんの些細なものかも知れない。しかし，一般の新聞には比べものにならないものの，「双方向性のある学び」を創り出すという点では同じ意義があると考える。第2章で示したように，記事の発信で終わるのではなく，「発信」「応答」といった双方向性のある学びをつくることをさらに意識したいと考える。また，このような「新聞教育」は小学校の段階だけに任せるものではなく，中学・高等学校，さらには，大学教育においても不可欠のものであると考える。

「メディア・リテラシー」ということで新聞以外のさまざまなメディアを取り上げる必要があるという指摘はもっともである。インターネット情報の危険性や市民メディアの可能性など子どもたちが取り組むべき「メディア・リテラシー教育」は数多くある。しかし現在の筆者の力量から，そこまでは手が及んでいない。今後の課題にしたい。

「新聞・ジャーナリズム」はこれから大きな「変革」を迫られるだろうが，民主主義社会にとって「新聞・ジャーナリズム」の役割と意義は不変であると考える。新聞活用による「学力の向上」という限定された枠の中だけで考えるのではなく，「教育」と「社会」をつなげる「新聞」という視点を忘れず，今後も「新聞教育」に努めたい。

注

1）岸尾祐二は『社会科教育』（2000年4月号，No. 487，p. 51－53）で，東京大学・水越伸の指摘する「NIE の問題点」を引用しながら「メディアの批判的受容能力の育成」についての構想を提案している。

2）下村健一『マスコミは何を伝えないか』岩波書店，2010年。同書の「世界と日本のメディア・リテラシー教育」をめぐる中村純子（「世界のメディア・リテラシー教育」の研究者）との対談の中で，下村は「先生が教え方さえ間違えなければ，メディア・リテラシーの授業に時期尚早はないと思う」と述べている。

3）中日新聞社編『新聞学習カリキュラム　小学校編』中日新聞社，2007年。筆者は，この「カリキュラム」作成委員の一人である。この「カリキュラム」の「中学生編」がその後作成された。このカリキュラムはいわゆる「学級新聞作り」や「学校新聞作り」については直接的にはふれていない。

4）子安潤「個人能力達成モデルから課題探求モデルへ」『教育』2010年1月号，No. 768，国土社，p. 39－40。

5）『朝日新聞』1989年4月20日付夕刊一面。

6）『朝日新聞』1899年5月16日付朝刊一面。

7）『5年 社会科教科書 下』東京書籍。

8）『中日新聞』1995年５月28日付朝刊30面。
9）『中日新聞』1994年12月２日付朝刊31面。
10）『朝日新聞』2006年９月20日朝刊６面。
11）本多勝一『本多勝一集～戦場の村～』朝日新聞社，2005年，p. 185。
12）筑紫哲也編『情報はだれのものか』（岩波ブックレット No. 596）岩波書店，2003年，p. 38。この中で筑紫は，この言葉を，アメリカのコロンビア大学のジャーナリズム講座の内容の一例として述べた。
13）「第10回 NIE 全国大会報告記事」『中日新聞』2005年８月18日付。
14）柳澤伸司『新聞教育の原点』世界思想社，2009年，p. 366。
15）前掲11）。同書 p. 484にはさらに次のような記述がある。「(「今週の声」には）…第５部『戦場の村』への反響は東京・大阪・名古屋本社合計で二百通を越える投書となって現れた。これ程多数の投書が集中したのは『声』はじまって以来のこと。しかも，そのほとんがこの記事の『真実と勇気に強く共感』しているのも，この種の反響には珍しいことだ」。
16）読売 NIE セミナー「フィンランドの教育と新聞活用」2008年10月11日（http://www.yomiuri.co.jp/nie/se／17／01. htm）。フィンランドセンターのヘイッキ・マキパー所長はその講演で「(フィンランドでは）学校では独自の新聞をつくっており，最大手の新聞社の紙面に生徒が作った記事が掲載されることもある」などの事例を紹介している。

あとがき

筆者は，もともと「教師志望」ではなく，大学も教育学部ではありませんでした。学生時代は新聞記者に憧れ，何年も新聞社の入社試験に挑戦しました。しかし，一次試験で落ちたり，最終の面接試験で落ちたりと，結局新聞記者にはなれませんでした。

そんな筆者は，友人のすすめもあって，教師への道を歩み始めることになりました。ですから，教師としてのスタートは一般の人よりおそく，教育実習に至っては教師になる直前の１～２月にかけて行うというありさまでした。

ほとんど素人同然の教師でした。「素人教師」の筆者は「ワラにもすがる」思いで，自分の憧れた「新聞」を教育に生かすことを考え，学級新聞作りに取り組みました。今思えば，子どもたちが作り続けた学級新聞「サンタイムス」（1982年）が筆者の教師生活の原点かもしれません。合本にした「サンタイムス」145号は，筆者の宝物として，今でも残っています。

以来，30年間「新聞教育」に取り組んできました。そして，定年を数年後に控えた時，愛知教育大学の大学院に入り，学び直すことにしました。それまでは，各地の研究大会や読書やサークルなどで自主的にそれなりに学んではいましたが，きちんと大学院で学ぶことが自分には必要だと考えたのです。

これと前後して，愛知教育大学の舩尾日出志教授との出会いもあり，さまざまな学びの機会をいただきました。作野小学校での実践を舩尾先生と一緒に『学びを支える』（学文社）という本にまとめることができたのも貴重な経験でした。大学院では先生の教育理念・哲学を改めて学ぶとともに，修士論文の執筆にさいしていつも温かい指導・助言をしていただきました。本書の出版においても，陰日向になって支えていただきました。

また，「新聞教育講座」等を通して土屋武志教授と出会い，楽しい時間を過ごさせていただきました。教員免許更新講習やNIE学会での発表などについて適切な助言をいただきました。同時に大学教育の面白さを教えていただきました。

「新聞教育」ということでは，原田紀保・元中日新聞 NIE コーディネーターに言い尽くせぬお世話になりました。「新聞教育」を進めるにあたっては，氏の温かい人柄と限りないエネルギーにいつも励まされました。3人の方々に心よりお礼を申し上げます。本当にありがとうございました。

中日新聞社の NIE 事務局の方や「いきいき学習ネットワーク」の同志の方々にも多くの場面でお世話になりました。小学校での教員生活も振り返ってみますと，実にたくさんの方に支えられていたのだとあらためて思います。手元に残された学級新聞などの記者名を見ると，今でも多くの子どもたちの顔がうかんできます。その子どもたちにもお礼を言いたいと思います。本書の出版にあたって，学文社の二村和樹氏に大変お世話になりました。記してお礼を申し上げます。

最後に，大学院入学などで応援してもらった家族に感謝の言葉を伝えたいと思います。

2013年3月31日　　小学校の担任を終える日に

市川 正孝

索　　引

[著　者]
市川　正孝（いちかわ　まさたか）

愛知教育大学非常勤講師
〈略歴〉
南山大学卒業，愛知教育大学大学院修了
1980～2013年　愛知県刈谷市・安城市の公立小学校教諭を歴任
〈主な著書・論文〉
『学びを支える』学文社，2002年（共著）
『新聞学習カリキュラム　小学校編』中日新聞社，2007年（共著）
「NIE を活用した教員免許更新講習」『愛知教育大学実践総合センター紀要』2009年（共同論文）
「平和で民主的な市民を育てる『新聞教育』の構想」日本 NIE 学会第７回京都大会，2010年（口頭発表）
〈主な活動〉
中日新聞教育セミナー「総合学習と新聞活用」講師（2002年）
愛知教育大学公開シンポジウム「私の授業分析・授業研究」（シンポジスト，2006年）
愛知教育大学「NIE を活用した免許更新講習」（パネリスト，2009年）
中日新聞教育セミナー「新聞教育の方法と可能性」講師（2012年）
〈主な受賞〉
「第３回中日いきいき学習賞」（2000年）
「第44回中日教育賞」（2012年）

「新聞教育」を創る―授業づくりの方法と可能性―

2013年４月５日　第１版第１刷発行

著者　市川正孝

発行者　田中　千津子
発行所　株式会社　学文社

〒153-0064　東京都目黒区下目黒3-6-1
電話　03（3715）1501㈹
FAX　03（3715）2012
http：//www.gakubunsha.com

印刷　亜細亜印刷
乱丁本・落丁本はお取替します。
定価は売上カード，カバーに表示。

ISBN 978-4-7620-2355-2